異聞 土方歳三の最期

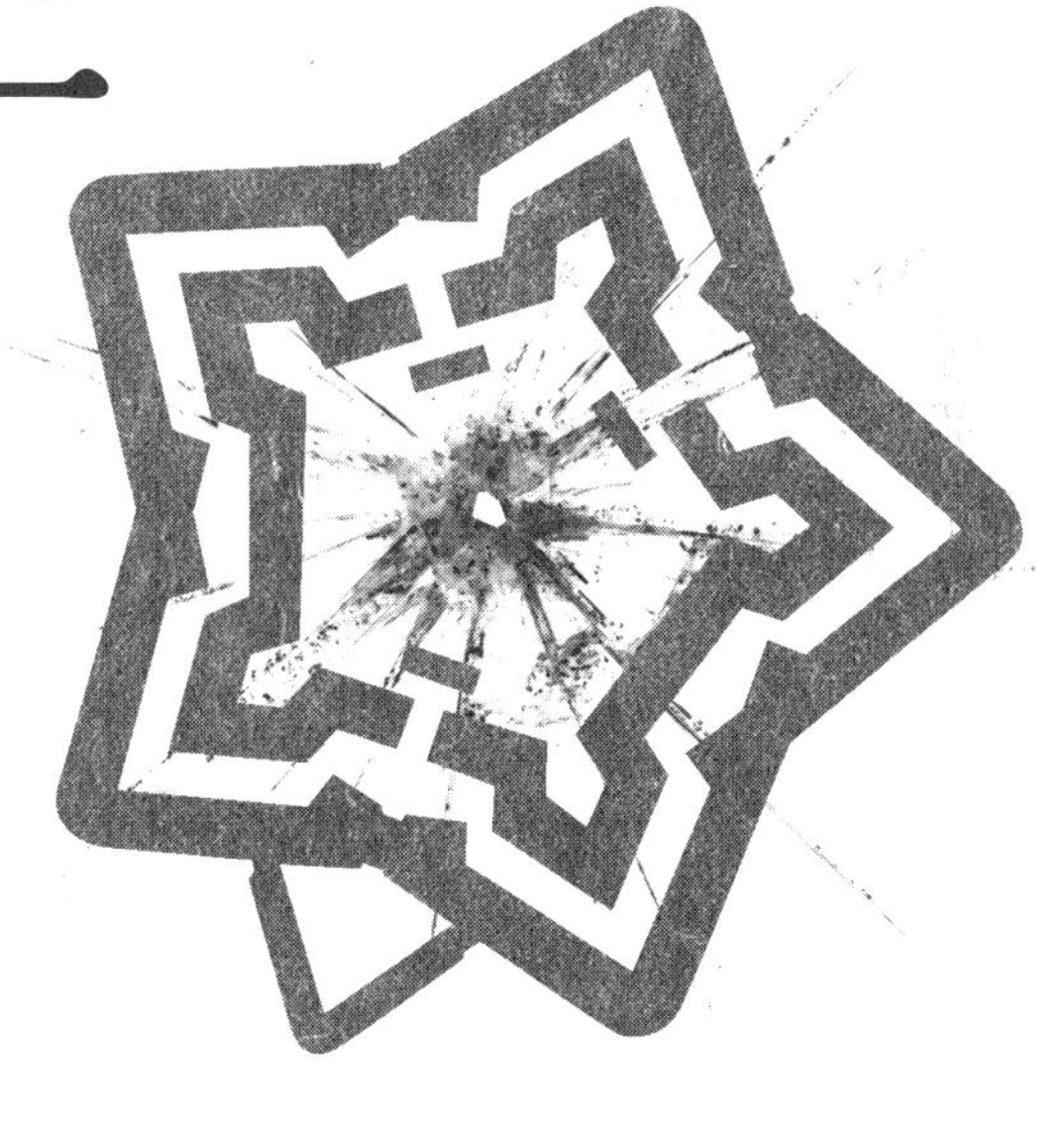

中村忠司

Tadashi Nakamura

文芸社

まえがき

昨今、新選組とりわけ近藤勇、土方歳三、沖田総司のビッグ3は大変なブームである。

なかでも残された写真から端正な顔だちとダンディな洋服姿の土方歳三、顔姿は残っていないが薄幸の天才剣士と喧伝される沖田総司は女性ファンが多く、近藤勇は圧倒的に男性ファンが多いといわれる。

第二次世界大戦終結後の昭和二十年代後半の映画界は時代劇の隆盛時代であった。

数多く製作された時代劇で新選組はどう描かれていたか。

大佛次郎原作の「鞍馬天狗」があった。

ヒーローは勤皇の志士を助ける鞍馬天狗で、その敵役が新選組。「嵐寛《あらかん》」こと嵐寛寿郎（故人）が扮する鞍馬天狗が悪者の新選組をやっつけるストーリーになっており、月形龍之介（故人）扮する近藤勇と最後に一騎討ちとなるのだが、いつも結着がつかずに終わっていた。

子供心に正義の味方、鞍馬天狗に喝采を送ったものだった。

この頃、新選組を主役にした映画も数多く製作された。「新選組池田屋騒動」（主演・嵐寛寿郎）、「新選組鬼隊長」（主演・片岡千恵蔵）などであった。

昭和四十年であったと思うが、テレビで「新選組血風録」が放映された。白黒作品で、主役が新選組副長の土方歳三を栗塚旭が演じ、ナレーションも兼ねていた。近藤勇は舟橋元（故人）、沖田総司は島田順司、永倉新八は有川正治、斎藤一は左右田一平、原田左之助は徳大寺伸が演じるなど多彩なキャスティングで構成されていた。

筆者が映画を通して知っていた俳優は舟橋元と徳大寺伸くらいで、あとは知らない俳優達であった。この作品で土方を演じた栗塚旭はその風貌からまさにはまり役で、土方役者といわれるゆえんである。

このドラマの主題歌で、春日八郎（故人）が歌った「新選組の旗が行く」もドラマに彩を添えた。

昭和四十五年にはカラー作品で「燃えよ剣」が放映された。土方歳三の一代記で、主役は同じく栗塚旭が演じた。土方が函館の地で戦死を遂げて終わったのだが、両作品とも司馬遼太郎の原作で、こうした史実があったことは、新選組そのものが架空のものだと思っていた筆者には少なからず衝撃であった。

このことが契機となって、また北海道民の一人として、戊辰戦争の終焉となった箱館戦争、土方歳三の最期を調査、研究することになり、まとめたのがこの作品である。

平成十六年七月

中村忠司

目次

第一章　北征航

慶応四年（一八六八）一月三日、新政府軍からの発砲によって開かれた戦端が世にいう戊辰戦争（干支《えと》が戊辰の年にあたるため、こういわれる）で、旧幕軍は各地で敗走し、戦雲は東北地方に移っていった。

奥羽列藩同盟の盟主仙台藩は勤皇派の勢力が優勢となるに及んで藩論は恭順に傾き、明治元年（慶応四年は九月八日に明治と改元された）九月十五日（十四日説もある）、新政府軍に降伏した。

いわれなき朝敵の名を着せられ、自衛上やむなく戦争を強いられた会津藩は一ヵ月の籠城の末、同年九月二十二日、遂に白旗を揚げ、新政府軍に降伏したのだった。

話は溯るが、慶応四年三月十五日は新政府軍による江戸城総攻撃と決まっていた。

予定通り攻撃が行われたら江戸の町はどうなるか。町中火の海と化し、夥《おびただ》しい死傷者が出ることを憂慮した勝麟太郎（海舟）は、新政府軍の総督府参謀西郷吉之助（隆盛）と江戸・高輪の薩摩藩邸において、十三、十四日の二日間にわたり会談した結果、すんでのところで総攻撃は回避されたのである。

西郷は断固徳川慶喜の殺害を主張していたと伝えられるが、慶喜は前年の慶応三年十月に大政奉還（政治の実権を朝廷に還すこと）を行い恭順したので、事実上慶喜討伐の名目を失ったわけである。

勝との会談で新政府軍は降伏の条件を次のように示した。

・慶喜は備前藩に預け、恭順謹慎すること。
・慶喜の暴動を助けた諸侯は、それぞれ謝罪すること。
・軍艦は残らず新政府軍へ引き渡すこと、兵器一切を差し出すこと。
・城内に居住の者は向島へ移転すること。
・居城は明け渡すこと。
・一同暴動しないように。暴動した者は新政府軍がとり鎮めること。

西郷から出された降伏条件に対して勝は、その条件ごとに要望をしている。

江戸城明け渡しの会談は、旧幕府方に有利に作用したが、勝の外交手腕に負うところが大きいと伝えられる。

たとえば、軍艦、武器の引き渡しは実際には自主的な武装解除に落ち着き、武器、軍艦の一切を引き渡すものではなかったのである。

西郷は勝から出された要望を断固はねつけられない理由があった。江戸城総攻撃を英国に通報したのだが、英国公使パークスから、降伏恭順している者を攻める行為は国際法に違反するもので、江戸の住人の安全保障もできないようなら、新政府として信頼するに足りないという話をされたので、不本意ながら西郷は、条件付き降伏という形で決着せざるを得なかったのだという。

当時、日本人にとって国際法は概念としても理解を超えることだったのだ。

わずかに旧幕臣の榎本武揚が国際法を熟知していて、五稜郭を占領した際にこの国際法を駆使して各国の領事、公使等と堂々とわたり合ったのだ。

榎本釜次郎武揚（号を梁川という）は、この時期旧幕府の海軍奉行である。

江戸城無血開城の条件のひとつである軍艦、兵器一切を新政府に差し出す件で、勝は榎本に事の次第を申し渡すが、榎本はこれに従わないので、妥協案が提示された。そして、保有していた富士山、翔鶴、朝陽、観光の四隻は慶応四年四月二十八日、新政府軍に引き渡されたのだが、軍艦らしいのは富士山艦だけで、あとは老朽艦や貨物船である。当時日本で最大最強の開陽艦は依然として旧幕府側に残されたのである。

一方、新政府軍の海軍力は貧弱なもので、総力を挙げても開陽一艦に敵わないほどだった。これに対し旧幕府の海軍力は軍艦開陽、回天、蟠龍、千代田形と輸送船の長鯨、美嘉保、咸臨、神速の八隻から成っていた。

降伏した徳川慶喜は備前藩の預かりとならずに、勝の要望通り水戸で隠居の身となっていたが、徳川家の所領七百万石は七十万石に減らされ、慶喜は駿府（静岡）に移封されることになった。

七月十九日、慶喜は水戸を発ち、蟠龍艦に乗って二十三日に駿府に到着した。

この動向を見ていた榎本武揚は、もう江戸に留まっている理由がなくなったので、八月十九日夜、品川沖を抜錨し、艦隊を率いて仙台を目指した。

榎本艦隊は房総半島を廻り、銚子沖を航行中の七月二十三日から暴風雨に見舞われた。

開陽はマストを折られ舵を損傷し、回天もマストを折られ、美嘉保丸は座礁破壊し、回天に曳航されていた咸臨丸は曳綱が切れて伊豆の下田まで流され、清水港で新政府軍に没収されたのである。

咸臨丸＝安政元年（一八五四）、幕府がオランダに発注し、安政四年（一八五七）、ヤッパン号、後の咸臨丸が長崎に到着した。ヤッパンはオランダ語で「日本」の意である。

以後日本丸の名で呼称されたが、幕命により咸臨丸と改称された。

全長三十六・六メートル、全幅八・六メートル、舷高三・二五メートル、百馬力の蒸気機関を装備し、排水量は六百二十トン、スクリューによる推進装置を備えた艦船であったが、この頃には艦載砲が外され、機関も撤去され、帆走に頼るのみだった。
　この船が日本の歴史上脚光を浴びたのは、万延元年（一八六〇）一月十九日、遣米使節の随伴船として勝麟太郎、福沢諭吉等日本人だけで太平洋横断を成し遂げたことにあったが、戊辰戦争の終結後、明治四年九月二十日、函館港を出航し小樽へ向かう途中、木古内の更木《さらき》岬沖で座礁沈没した。当地には説明板がぽつんと佗しげに建っているだけである。

　ところで、江戸・品川沖から出帆した榎本艦隊は、散り散りになり、咸臨丸、美嘉保丸の二隻を失ったが、八月二十四日、まず長鯨丸が松島湾に姿を現した。次いで開陽が二十六日石巻に着き、十日後の九月五日には千代田形と神速丸が東名に錨を下した。さらに九月十八日には回天と蟠龍が相次いで東名に入港した。

この時期はまだ会津戦争の最中であったが、最新式の火砲を中心に近代装備をした新政府軍に対し、火縄銃やこれに毛の生えたようなゲーベル銃、依然として刀槍中心の装備と戦術では会津藩の退勢は如何んともしがたかったのである。

最後の拠りどころだった奥羽列藩同盟は、新政府軍の懐柔策により、同盟を脱退し新政府軍に寝返る藩も増えていき、盟主であり東北最大の雄藩であった仙台藩は未だ新政府軍に対して抗戦、降伏をめぐって藩論が定まらなかった。ちょうどこういう時期に榎本艦隊が仙台に来着したのである。

そればかりではない。鳥羽伏見の戦い以来各地で転戦し敗残の身ながらなお抗戦の意気盛んな大勢の者達は陸路、榎本らの在仙を知って続々と集まってきた。その数二千五百とも三千余とも伝えられている。

慶応四年九月三日、榎本武揚以下旧幕軍の主だった者は仙台藩の軍議に臨んだのだったが仙台における藩論は結局は恭順に傾き、徹底抗戦を主張する考えは退けられたのである。

藩論が決まった仙台藩は明治元年九月十五日、新政府軍に降伏した。孤軍奮闘、籠城戦でよく持ちこたえていた会津藩は同年九月二十二日、遂に降伏したのであった。

仙台に留まる理由がなくなった旧幕府軍の将兵らは、北の涯、蝦夷地に向かうこととした。仙台藩に貸与していた大江丸《たいこう》、帆船の鳳凰丸、回春丸を接収して九隻となったが千代田形は庄内藩の応援に回り、十一月十二日箱館に入港するが、この一艦を除く八隻から成る榎本艦隊は蝦夷地に向かって北征への途につくのである。

仙台に集結した時、桑名藩主松平定敬（会津藩主松平容保の実弟）、備中松山藩主板倉勝静、唐津藩世子の小笠原長行とこれに随行する家臣達がいた。

蝦夷渡島に際し、藩主達の乗船渡航は決定した。家臣達は当然のこととして主人の随行を望んだが、彼らはいわば非戦闘員であり、乗船させるわけにはいかない。

榎本は、藩主達の随行員を二～三人程度と決めて乗船を許可することとした。選に漏れた家臣達はそれぞれが自らの進退を決めなければならなかった。

現実には、仙台藩が新政府軍に恭順した今、仙台周辺は新政府軍で溢れており、身を処するとすれば戦死するか降伏するしか方途はなかったのである。

新選組は、京都の町に吹き荒れた騒乱を鎮めるために駐在した会津藩の配下にあって、テロ活動を実力で鎮圧し勇名を轟かせたのだが、鳥羽伏見の戦いで近代戦に敗れ、その後各地に転戦を重ねたが殆んど壊滅状態で仙台にあった。

進退に窮していた家臣団はこの新選組に属することを条件として乗船が許可されたのだが、これには土方歳三の力添えがあったともいわれる。

新選組はこれらを加え百人余りの勢力となり、とにもかくにも一隊としての体裁は整ったわけである。

在京時代、剣をもって尊攘浪士等を戦慄させた京都新選組。これに対し蝦夷地に渡り洋式の武器、戦法で戦う集団、箱館新選組はこうして誕生したのである。

明治元年十月十三日、榎本艦隊は全艦揃って仙台を離岸した。仙台藩は沢山の食糧や物資を提供した。旧幕府軍に早く去って欲しかったのだし、新政府軍とのトラブルを避けたかったのである。

翌日、南部領宮古湾に寄港し、薪炭を積み込み各人それぞれの思惑を胸に十六日、宮古湾を抜錨し北の地へ航路をとったのである。

第二章　蝦夷地の平定

鷲ノ木上陸

明治元年十月十九日の夜、旧幕軍榎本艦隊の回天艦が箱館の北方四十キロの鷲ノ木に姿を現した。

翌二十日の午前に開陽、鳳凰、午後には大江が来着した。輸送船の長鯨は射魔児《さまに》（様似）、画兎毛《えとも》（絵鞆＝室蘭市）あたりを迷走し、全艦船が投錨したのは二十三日であった。

史跡　箱館戦争榎本軍鷲ノ木上陸地跡の石碑

　開陽艦上にあった大鳥圭介は蝦夷地の印象を『幕末実戦史』にこう述べている。

「甲板上に出て四方を望むに積雪山

箱館戦争要略図

（作図は筆者による）

榎本軍の蝦夷地上陸は明治元年10月20日のことだった

を埋め、人家も玲瓏《れいろう》（光り輝いているの意味）として実に銀世界の景也」新暦では十二月の初旬にあたり、冬の厳寒期に向かう頃である。

さらに大鳥の言を借りれば、「積雪は一尺（約三十センチ）ばかりで、蝦夷地は寒冷地だから人家もなく、土人（アイヌ人）は穴倉に住み、我々が上陸しても宿泊する所もないであろうし、箱館まで行く間は食糧も乏しいに違いないと覚悟して上陸したのだが、鷲ノ木は開けた所とは言えないが、思いがけず人家は百五十戸ほどもあり、本陣に着いたところ主人は袴を着けて出迎えた。家も大きく、部屋数は七～八間もあり、上段の間もある。前に想像していたのとは雲泥の差である」（現代文による表現は筆者による）と、正直に驚きの感想を述べている。

『十月廿日南蝦夷地之内鷲ノ木着船之図』
（『麦叢録』より、市立函館図書館蔵）

鷲ノ木上陸地点より駒ヶ岳を望む

開陽艦（『遊撃隊起終録南蝦夷戦争記附記艦船之図』より、以下『附記艦船之図』と略称する。市立函館図書館蔵）

回天艦（『附記艦船之図』より、市立函館図書館蔵）

蟠龍艦（『附記艦船之図』より、市立函館図書館蔵）

千代田形（『附記艦船之図』より、市立函館図書館蔵）

長鯨丸（『附記艦船之図』より、市立函館図書館蔵）

神速丸（『附記艦船之図』より、市立函館図書館蔵）

二十日から上陸が開始されたと伝えられるが、冬季であり、この時期特有の北西の強風荒波で、端舟《はしけ》が転覆して十数名が海中に転落して命を失ってしまった。

蝦夷の地を踏むことなく鬼籍に入った者達は、近くの霊鷲庵《りょうじゅあん》に埋葬されたと伝えられる。


霊鷲庵＝現在の護国山霊鷲院《りょうじゅいん》専称寺は一般的に「れいしゅういん」と呼ばれ慣例的に定着したようだ。当庵は文政九年（一八二六）九月、箱館奉行所から設置認可を得て、箱館称名寺（浄土宗）の末寺として創建されたのだが、当時はもっと海岸の近くにあり、鉄道の開通の際に危険であることを理由に現在地に移転したのである。

この地から、道南一帯を舞台にした箱館戦争の幕は切って落とされたのだ。

現在の霊鷲院（茅部郡森町）

十月二十日、人見勝太郎、本多幸七郎の両名は新政府に対する嘆願書を携えて箱館への本道（現在の国道五号線で大沼、七重を経て箱館に至る）を進んでいった。

嘆願書は、新政府に敵対し抗戦することが目的ではなく、慶喜の大政奉還、恭順により禄を失い、生活の目処が立たない旧徳川家臣団を救済するため、これらの者を蝦夷地へ移住させ、開拓を行い、同時に北方の脅威から蝦夷地を護るため、徳川家に預けてほしい、そしてその長を徳川家血筋から迎えた

郵便はがき

料金受取人払郵便

新宿局承認

4946

差出有効期間
平成31年7月
31日まで
（切手不要）

1 6 0 - 8 7 9 1

843

東京都新宿区新宿1－10－1
(株)文芸社
愛読者カード係 行

ふりがな お名前			明治　大正 昭和　平成　　年生　　歳	
ふりがな ご住所	□□□-□□□□		性別 男・女	
お電話 番　号	（書籍ご注文の際に必要です）	ご職業		
E-mail				
ご購読雑誌（複数可）		ご購読新聞 新聞		

最近読んでおもしろかった本や今後、とりあげてほしいテーマをお教えください。

ご自分の研究成果や経験、お考え等を出版してみたいというお気持ちはありますか。

ある　　　ない　　　内容・テーマ（　　　　　　　　　　）

現在完成した作品をお持ちですか。

ある　　　ない　　　ジャンル・原稿量（　　　　　　　　　　）

書　名				
お買上 書　店	都道 府県	市区 郡	書店名	書店
			ご購入日	年　　月　　日

本書をどこでお知りになりましたか?

1.書店店頭　2.知人にすすめられて　3.インターネット(サイト名　　　　　　)

4.DMハガキ　5.広告、記事を見て(新聞、雑誌名　　　　　　)

上の質問に関連して、ご購入の決め手となったのは?

1.タイトル　2.著者　3.内容　4.カバーデザイン　5.帯

その他ご自由にお書きください。

(　　　　　　　　　　)

本書についてのご意見、ご感想をお聞かせください。

①内容について

②カバー、タイトル、帯について

弊社Webサイトからもご意見、ご感想をお寄せいただけます。

ご協力ありがとうございました。

※お寄せいただいたご意見、ご感想は新聞広告等で匿名にて使わせていただくことがあります。

※お客様の個人情報は、小社からの連絡のみに使用します。社外に提供することは一切ありません。

■書籍のご注文は、お近くの書店または、ブックサービス(0120-29-9625)、セブンネットショッピング(http://7net.omni7.jp/)にお申し込み下さい。

いので新政府で然るべき人を推薦して頂きたい、このような内容であった。そして箱館府知事に嘆願のため、三十名余りの護衛とともに鷲ノ木を出立するのであるが、嘆願の趣旨が聞き入れられなければ一戦も辞さずという側面もあった。

箱館府知事＝王政復古（慶応三年十二月九日）の翌年、慶応四年閏四月二十四日箱館裁判所は箱館府と改称され、この時の府知事が清水谷公考《きんなる》である。

峠下の戦い

十月二十一日、旧幕軍の遊撃隊長人見勝太郎、伝習歩兵隊差図役本多幸七郎

とその警護隊の一団は、榎本から託された嘆願書を箱館府に届ける重責を担って本道を南下し、峠下村に到着しこの村に宿泊した。

鷲ノ木上陸の一件は箱館府に情報がもたらされ、新政府は旧幕軍を江戸脱走軍あるいは、賊軍と称した。

榎本は、箱館に兵を進めるため二隊に分けた。右縦隊は大鳥圭介を総督として、森─赤井川─宿野辺─峠下─大野に至り、箱館に向かうコースである。大鳥指揮下の部隊は、伝習士官隊、伝習歩兵隊、遊撃隊、新選組、砲兵隊で、先遣隊として瀧川充太郎率いる伝習士官隊一小隊、大川正次郎の伝習歩兵隊第二小隊をもって先行させた。

土方歳三を総督とする一隊は、森─砂原─下海岸通─川汲《かっくみ》峠─湯ノ川─五稜郭に至る間道を行く。土方指揮下には額兵隊、陸軍隊に新選組の一個小隊を野村理三郎が率いたが、春日左衛門が陸軍隊長である。

軍使として先発していた人見等の一隊は、二十三日夜更に箱館府兵から襲撃された。箱館府の兵力は、府兵二小隊と津軽藩兵二小隊、松前藩兵一小隊とこれに野戦砲二門だったと言う。

この戦況を『人見寧履歴書』によれば、「ここにおいて、我が一行おほいに疲労したる故、ここに休泊する事に定め、村端に哨兵を置き民家に投じ仮睡したるに、五更に近き頃（午前三時～五時）、左右の山上咫尺《しせき》の所より敵の伏兵起こり、哄声《こうせい》を揚げ、大小銃を放って我等を射撃し、弾丸雨のごとく民家にそそぐ。我ら初め兵員皆地上に匍匐《ほふく》して灯火を消し、敵兵となし雪明りに山上の敵影を見て狙撃防戦し比々敵をたほす。少時を経て我が後方峠の中間へラッパ卒数名を登らせ進軍ラッパを吹かしめ、これを合図に我が兵一斉に立ち哄声を揚げて吶喊《とっかん》したり。敵たちまち大砲小銃および多数の死傷者を遺棄して敗走す。富士山村まで進撃して元の峠下村に引き上げ、休憩して敵の死傷者を処置したり」と箱館府兵の先制攻撃による弾丸の洗礼を受けた峠下の戦闘状況を伝えている（文中「咫尺」は近距離、「匍匐」は、はらばいの意である）。

戊辰戦争の勃発以来各地を転戦し、戦いに慣れている人見等の一隊は敵兵を撃退した。

この戦闘の状況は後発の大鳥隊に通報され、蝦夷地に上陸早々、道南各地を舞台にした箱館戦争の戦端が開かれたのである。

川汲峠へ

土方歳三を総督とする左縦隊は五稜郭を目指して十月二十二日に鷲ノ木を出発した。

春日左衛門を隊長とする陸軍隊、星恂太郎率いる額兵隊と土方に同行する一部の新選組隊士、兵力は四百人余りを擁して砂原（現砂原町）に至る。

砂原には南部陣屋が築造されていたが、戊辰戦争の戦火が東北にも及んでき

五稜郭を目指して進軍する土方隊は南部藩陣屋跡付近で休息したと伝えられる（茅部郡砂原町）

たため、ここに駐屯していた南部藩が撤退に際し、自らの手で解体し、この地を去っていった。

現地には石碑が建てられ、わずかに痕跡を偲ぶことができる。

土方隊はこの日砂原に宿陣し、翌二十三日寒風と雨交じりの雪が降りしきる荒天のなか、兵を進めた。

この行軍の状況を額兵隊長星恂太郎がその著述『星恂太郎日記』に、「巳ノ上刻ヨリ北風益烈シク、雨雪混降シテ将ヨリ卒ニ至ルマテ身纔《しんさん》（わずかの意＝筆者意訳）ニ一重ノ

南部藩士が帰国する際に陣屋を解体したという南部陣屋土塁跡（茅部郡砂原町）

戎服《じゅうふく》（戦時の軍服＝筆者意訳）ヲ纏フノミニシテ、足ニ袋ナク頭ニ笠ナク満身濡レサル所ナク、四肢亀手シテ殆ント凍餒《とうだい》（寒さに苦しみ食糧に乏しいの意＝筆者意訳）セントス」

と想像を絶する行軍の模様を書き残している。この日、鹿部村（現鹿部町）まで進出し宿営した。

峠の攻防

川汲峠＝南茅部町と函館市との境界にあり、この中腹を通る道路が、現在の主要道道、函館南茅部線である。川汲峠は標高五百メートル、現道の川汲トンネルの上を旧道が交叉して峠に至り、函館に向かって右手方向が台場山である。箱館戦争当時は、人や馬がやっと往来できる程度の、狭く曲がりくねった峻嶮な道路であった。

十月二十四日、川汲に着いた土方隊は温泉場に斥候を出し、箱館府兵から銃撃されたが、先鋒の額兵隊が撃退した。

温泉場は、現在の川汲温泉で、函館に向かって車を走らせると左折の急カーブで下り坂になっているため、ともすると通りすぎてしまいそうな所で、敷地の一隅に箱館戦争川汲戦戦死者の慰霊碑がある。昭和五十九年五月に建立され

現在の川汲温泉（茅部郡南茅部町）

た。

この日の戦闘は箱館府兵は頂上に陣取っており、土方隊は下から攻め上る形となったが、頂上からの攻撃で釘付けとなっているところに、間道から頂上に登った別の一隊が背後から一斉射撃をした。府兵は大いに狼狽し峠の上、下から挟撃され敗れたのであった。

この戦闘で府兵は七名が戦死し、負傷者は十名余り、折から堅雪で峻嶮な斜面を滑落した者は数えきれなかったということだ。

翌二十五日、陸軍隊を先鋒として峠

川汲温泉の一隅に建立された箱館戦争川汲戦戦死者の慰霊碑と説明板（茅部郡南茅部町）

を越え、五稜郭までほぼ三キロの上湯ノ川まで進出した。

二十六日、五稜郭目指して土方隊は進軍する。この日、先陣をめぐって、いさかいが起こった。土方軍にあって新選組の一小隊を分隊して率いた野村理三郎の一隊は、春日左衛門の陸軍隊に属していた。

春日は行軍のたびに野村隊を後陣に配した。

理三郎はかねてから不満があったので命令を無視して先頭に出た。これを咎めたので両者の口論となり、双方の兵を巻き込んでまさに一触即発だったところに伝習隊のラッパ指図役小泉喜三郎が仲裁に入り、総督の土方歳三が双方の面子を立てて上手く納めてしまった。野村理三郎にしてみれば京都新選組の頃の誇りを傷つけられた思いがあったのだろう。土方総督の左縦隊は十月二十六日、五稜郭に入城を果たした。

一方の大鳥隊は二十三日、森村を出発し夕方に峠下の本陣に到着し、人見等から昨日の戦闘について報告を受け軍議を開いた。

七飯、大野の戦闘

斥候や密偵の情報によれば、敵は七重村と大野村に陣を敷いているというので、二手に分かれて攻撃することに方針が決定された。

七重方面には人見勝太郎、佐久間悌二を軍監として、遊撃隊、新選組、工兵隊を第一線として攻撃する。

大野方面は総督の大鳥圭介が指揮をとり、第二大隊の三小隊、士官隊の二小隊から成る五個小隊をもって攻撃するため、十月二十四日、両隊はそれぞれの目標に向かって進軍を開始した。

大鳥隊は峠下を出発して右に折れ大野道を通り、斥候に先導させながら大野村の入口に至る。大野村には敵兵四百～五百人が駐屯しているという情報である。

大鳥はここに隊を止め戦闘体形を整え、大川正次郎の指揮する伝習隊の一小隊を先鋒とし、瀧川充太郎が率いる士官隊一小隊をもって右側の山沿いを進み、大鳥は本多幸七郎とともに三小隊を率いて本道を前進した。

大野村へ約三百メートルの地点で大川の先鋒が午前七時頃、突如襲撃され戦闘が開始された。箱館府兵として大野村に派遣された兵力は備後福山藩、越前大野藩、これに七重村から移動してきた松前藩を合わせて四百～五百人だったという。

前方の敵味方の小銃音を聞いた本多は、一小隊を率いて応援に向かった。大鳥は二小隊を指揮し村内に進出、瀧川の一隊は左翼から箱館府兵の包囲体形の横腹を衡く形となった。一時間半くらいの戦闘で箱館府兵は、多量の兵器・弾薬を遺棄して大野村の南西四キロの千代田まで逃散した。

大鳥は地理不案内なこともあり、深追いをやめて兵を大野に集結させ、あらためて本多幸七郎と瀧川充太郎に伝習隊二小隊と士官隊一小隊を指揮させて、大野村の西南三・五キロにある松前陣屋を急襲した。

この陣屋には松前藩兵一小隊が守備していたが、旧幕軍の不意の来襲で守備隊は陣屋に火を放って逃散した。本多、瀧川の両隊は大砲二門、米百五十俵、多数の弾薬を戦利品として大野村に宿営した。

五稜郭入城

明治元年十月二十五日、大鳥圭介率いる縦隊は大野村を出発し、人見勝太郎の左縦隊は七飯村にあった。

十月二十六日、一連隊の松岡四郎次郎率いる本隊は先鋒となって五稜郭に無血入城した。続いて人見勝太郎の部隊、大鳥圭介の部隊は粛然として入城した。土方隊はこの日の夕刻に入城した。

鷲ノ木に旧幕軍が上陸し、箱館府兵等との間に各地で戦闘が行われ、相次ぐ敗報に五稜郭に在った箱館府知事清水谷公考は、下僚達と会議を開き情勢分析を行った結果、連日の戦闘で我が兵の極度の疲労、有力部隊の速やかな増援は期待できない等の判断から二十五日黎明、府の幹部とともに津軽に退去したのである。備後福山藩と越前大野藩はともに別便で津軽に撤退した。

松前藩から五稜郭に派遣されていた藩兵は、その半分ぐらいは知内《しりうち》峠の守備に回ったという。こうした理由があって旧幕軍は、無人となった五稜郭に入城したのである。

五稜郭が無人となった間隙を衝いて、盗賊や住民が郭内に入り込んで物品を略奪したので、箱館奉行所の庁内は散乱状態。まさに空き巣狙いの仕業であった。

五稜郭に無血入城した旧幕軍は、直ちに松前藩に対し蝦夷地来意の趣意書を持参させて使者を差し向けたが、松前藩主松前徳広は使者を処刑して断固抗戦の姿勢を崩さなかった。

再び使者を送ったが、これもまた使者の首を刎ねて何の返答もなかった。

二十七日、旧幕軍の榎本武揚は軍艦開陽に座乗し、鷲ノ木から箱館に入港した。

五稜郭に在って状況報告を受けた榎本は、松前攻撃の決意を固めたといわれる。

松前をめぐる攻防

松前攻略部隊は、戦巧者《いくさこうしゃ》の土方歳三を総督として春日左衛門が指揮する陸軍隊、渋沢誠一郎の彰義隊、仙台で新たに加わった星恂太郎の額兵隊（この隊は赤色の軍服で知られ、リバーシブルだったがとくに目立ったものだ）等総勢七百人余り。蝦夷地へ来る前に新政府軍とたび重なる戦闘を経験してきた精鋭の将兵達である。

松前攻略部隊はこの日当別に宿営し、翌二十八日には木古内に宿泊した。住民は突然大軍が現れたことに驚愕した。そのうえ越冬用に貯蔵しておいた大量の食糧を賄いのため徴発され、厳寒期を前にして大変な難儀を負わされることになった。十一月一日には松前藩領の入口ともいうべき知内村萩砂里に宿営した。

旧幕軍は、和睦、戦争両様の構えでいたが、この日福島村に駐屯していた松前藩兵は渡辺夔々《きき》、目谷小平太が指揮する分隊が二艘の三半船《さんぱせん》（ニシンの積み取船）に乗って矢越岬を越え、小谷石村（知内町）に上陸し、間道沿いに潜入して旧幕軍に夜襲をかけてきた。

この戦闘では、緒戦のうちは松前軍が有利に展開していたが、兵力、武器、戦闘経験等においてその差は歴然としており、旧幕軍は間もなく態勢を立て直して応戦した。

松前軍は、三名が戦死し遺体を残したまま山林に逃げ込み、翌朝福島に帰ってしまった。

土方歳三が率いる旧幕軍は、戦死者はなく軽傷を負った者が三人だけで、組織的戦闘で松前軍を圧倒していた。

同じ十一月一日、旧幕軍の軍艦蟠龍（排水量三百七十トン）が松前湾に姿を現し、松前城（福山城）に砲撃を加えた。

蟠龍は津軽藩旗を揚げ、各砲台が訝しんでいるうちに湾内深く侵入し、松前藩の動静を探るため着発弾（着弾すると破裂する弾丸）を一発撃った。その砲煙が消えると同時に海岸沿いに配置された七ヵ所の砲台や、山林樹木の陰等十数ヵ所の砲座から蟠龍一艦を標的にして、大小の大砲を連発してきた。

松前藩の撃ち出す砲弾は、集中豪雨のようであり、砲煙はあたかも強風に吹き散らされる花のようであったと伝えられている。

蟠龍艦は湾内を縦横に操艦して頻りに発砲し、ガラナート砲（破裂弾）の砲弾が着弾し、艦上から破裂するのが見えたという。

松前藩が発砲したのは、二十四斤砲、十二斤台場砲あるいはボートホイッスル（大砲の一種で榴弾砲）などの種類で、蟠龍艦までは届かず大部分は海中に没したが、台場から撃った二十四斤砲の一弾が艦尾の右舷に命中し士官室を通り抜けて左舷で止まった。

他の一弾は、舳フロイフォート（遣り出し＝船首から前方に突き出た帆柱）に命中したが負傷者はなかった。

そろそろ陽が傾き日暮れが近いのと、海上は波が高いため、艦の進退を考え、蟠龍は松前湾を出て箱館に帰港する途中、松前藩兵が滞陣する福島海岸を砲撃して、夜十二時過ぎに帰港した。

陸路土方歳三が統率する陸軍は、松前城の攻略を目指して一ノ渡（現福島町字千軒）に至り、この地に布陣していた松前藩との間に戦闘が繰り広げられた。

松前藩は、二小隊（約百人）と茶屋峠に三百匁砲二門を配して交戦したが、土方軍は本道と間道から挟撃したので松前藩兵は山崎まで敗走した。

松前藩兵は、さらに退却して福島の本隊と合流した。福島の攻防では法界寺や台場山（現福島大神宮境内）等で激戦が行われたが、ここも支えきれず法界寺に放火して吉岡峠で防禦に当たることとした。

旧幕軍が五稜郭に入城する直前、箱館府知事の清水谷公考を青森に無事避難させた松前藩兵百五十五名が十一月三日、帰藩し戦列に復帰した。

松前守備隊は、これで五百五十名ほどになり、吉岡峠を重要拠点として厳戒体制を敷いた。

旧幕軍は吉岡峠を登らず、四日、先鋒は荒谷村付近に待機した。松前藩兵は戦雲急となったため、及部《およべ》川河口はじめ要衝の各所に兵を配置し、旧幕軍の松前城下への進撃を阻止しようとした。この日、旧幕軍は荒谷村に宿営した。

松前城攻略

この城郭は、福山城、松前城、松前福山城の三通りの呼び名がある。慶長十一年（一六〇六）完成したのが福山館で、当地は福山台地であったところから

『十一月五日海陸相合而図陥福山城図』
（『麦叢録』より、市立函館図書館蔵）

復原された松前城搦手門（松前郡松前町）

福山館と称された。
日本の城郭様式による最後の城としてこの地に安政元年（一八五四）に竣工し、廃藩置県により解体されたり、残った遺構はその後の火災で焼失したが、昭和十年に国指定史跡「史跡福山城」として指定されているのだが、地元松前の住民は一般に松前城と呼称していることと、箱館戦争を通じて新政府軍に備後福山藩が参戦しており、混同を避ける意味で本稿では、「松前藩、松前城」と呼称を統一した。

松前城搦手二ノ門の復原を伝える記事
（『北海道新聞2000年12月８日』より）

　明治元年十一月五日早暁に土方歳三が指揮する旧幕軍は、大沢村から北方の台地を西に向かって、攻略部隊を海沿いと山側の両翼に兵を展開

明治元年11月５日、松前城の攻防で旧幕軍は、ここ法華寺から400m先の松前城を砲撃した

して進撃させた。
　こうした状況下に旧幕軍の軍艦回天（千六百七十八トン、外輪による推進式、艦載砲十一門）が及部沖に出現し、援護射撃をする海陸共同作戦を採った。
　松前藩の防禦線のうち、松ヶ崎、野越が突破され、御狩屋の北方から山ノ上の台地に旧幕軍が進出してきたため、支えきれなくなった松前藩兵は城に退却した。
　松前城の防衛は、城代家老蠣崎民部を中心に軍事方（参謀）を三上超順とし、搦手門、大手門、天神坂のいわゆ

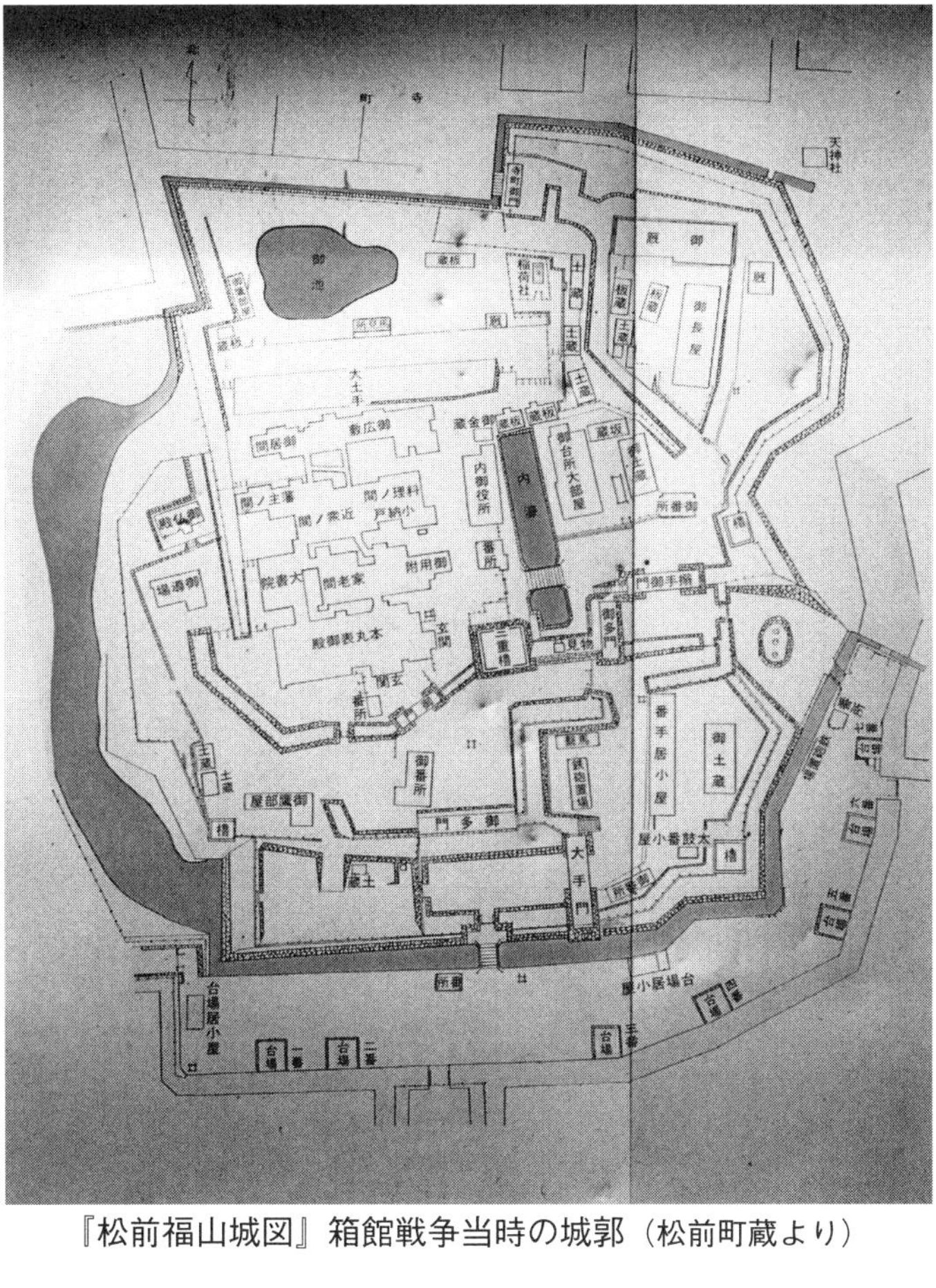

『松前福山城図』箱館戦争当時の城郭（松前町蔵より）

る南門と北門の寺町御門に百名弱の守兵を配置した。

午後になって馬形《まがと》台地に進出した旧幕軍は、法華寺境内に陣を敷いた。法華寺から松前城は見通しが良く、約四百メートルの近距離である。

法華寺の南前面に砲を揃え、最初に海に面した築島砲台を高所から打ち下ろしたため、この砲台は沈黙してしまった。築島砲台といえば、この一日に旧幕軍の蟠龍艦が松前湾に侵入した際に砲撃戦を演じた砲台である。

これを機に回天は湾内に入り、城を砲撃した。陸兵は天神坂口から突入を敢行し、新坂（阿吽寺《あうんじ》の坂）から城に向かって進撃した。

搦手門を死守する藩兵は、門内に野戦砲を並べて突撃してくる旧幕軍に対して、開門と同時に発砲し、すぐに門を閉ざすという戦法を採った。発射後砲の内腔掃除、火薬、弾丸の装填等発射の作業を必要とするのであるが、一定のリズムで繰り返される動作を読んだ旧幕軍は、開門と同時に砲が発射される前に寸秒の早さで砲手を狙撃した。

北側からは、城の背後から堀、塀を乗り越えて北の丸から城内に突入した。城内ではたちまち白兵戦となり、激闘が繰り広げられたが、遂に松前藩兵は敗走したのである。

この戦闘で松前藩の中にも勇戦敢闘して城中で噴死した者もいたのである。『麦叢録』に「既にして表より進し其二三の城戸を取、衆皆刀を揮ひ玄関其他より乱入す。敵皆走路に迷ふ。然れども廉知なき者に非ず。広間或は廊下等にて返し合せ戦しものあり、衆寡の勢遂に敵せず斃れ且つ遁る余曾て城中に行きし時、襖障子に太刀疵あるを見る。此輩、君の為に城を枕にして死す。真に松前の忠臣なるべし」とその奮闘ぶりを称賛している。

松前藩の老臣田村量吉、七十二歳、玄関の大衝立を背にして戦ったが、遂に重傷を負い割腹して果てた。松前藩足軽北島幸次郎の妻、川内美岐。落城を悲嘆し、夫の足手まといになることを恐れ、鋏で喉を突いて自害したという。この二人も『麦叢録』に称賛された者達であろう。この女性は後に、靖国神社女性祭神第一号として祀られたのである。享年三十七歳。

城主松前徳弘は、旧幕軍が来襲する前の十月二十八日、側近達に護衛されて館《たて》（現在の厚沢部町字鶉）の新城に逃れていった。

落城後、伊庭八郎とともに遊撃隊を率いて箱館戦争を戦い抜いてきた人見勝太郎（明治政府に出仕してからは寧と称した）は隊士とともに城内を探索した。この時の様子を『人見寧履歴書』は「我二三の隊士と共に殿中を巡視したるに奥深き所の仏間に藩主の家族待女等老少の婦人七、八名ここにあり。みな首をたれて暗泣す。我これを慰安し松前家の菩提所に移し、町役人に命じて諸事斡旋せしめ厚く待遇す。あとで婦人の希望に従い藩主の所在地弘前へ渡航せしめたり。婦人等みな我が厚意の措置を感謝して別れを告げたり」と書き残している。

また、人見は松前領内の住人に対しては、「我らと事を共にせんと欲する者は同盟すべく、また主君の在所津軽へ渡らんと望む者はその斡旋をなすべし。

また、農商業等を営みその居住所に安堵したき者随意自由たるべし。期日までにかならず何分の義を届け出べき旨をもってす。領内に多数の藩士潜伏せしもこの布告により皆安心して静粛に泊せり」と書き残し、藩主の家族待女の話や、住民への布告の件は紳士的な人道主義を貫いた扱いをしている。この自伝は人見の晩年、大正元年に書かれたものだ。

こうした処置は、人見の独断によるものか、あるいは同隊の伊庭八郎あたりと相談しての取り扱いだったか、それとも総督の土方歳三に具申して裁可を仰いだものか、興味のあるところだ。

松前城攻略戦の前、十月二十八日に城を脱出した藩主松前徳広と側近達の一行は、十一月三日に急造の館城に到着した。

十一月五日、わずか一日で松前城が陥落し、十日には五稜郭で待機していた一連隊二百五十名を率いる松岡四郎次郎が、館城攻略するため出撃した。

一方、海陸協同作戦により、松前城を攻略した土方隊はしばらくの間休息をとった後、守衛のため若干の兵を松前に駐屯させて十日、江差を鎮圧するため進撃を開始した。

この行動は十一月十五日を期して、江差と館城を包囲殲滅《せんめつ》する二方作戦であった。

こうした戦況に徳広は、十二日に避難していた館城を出て江差へ退却し、乙部、関内と逃避行を続け、十九日（新暦明治二年一月一日）暗澹たる思いで荒れ狂う日本海へと船出したのが午後七時頃であったという。

一行は、藩主と奥方、嫡子勝千代等の一族と侍女、それに重臣達であった。

この頃の徳広は肺結核の末期症状で意識が混濁し、うわ言を口走る重病だった。

二十一日、ようやく一行は津軽領の平館海岸に漂着し、蟹田、浪岡を経て二十五日弘前の薬王院を仮の宿舎とした。徳広の病状がさらに悪化し、二十九日の午後八時頃と伝えられるが、当地で二十五歳を一期として短い生涯を終えたのだった。

大滝の攻防

松前から江差へ向かう途中に小砂子《ちいさご》という集落があり、ここから四キロほど北上しその右手に大滝山がある。

松前軍は、氏家丹宮《たんぐう》と蠣崎波響の子広胖が百五十名の藩兵を率いて大滝の峻嶮な地形を利用して、急造の陣を備え守備することとした。十一日北上した土方隊は松前軍と戦い、十四日この戦闘で大滝を抜いた土方隊は江差の制圧に向かう。

大滝山は標高五百四十三・六メートル、現在はこの海岸に沿って国道二二八号線が通り、函館・松前・江差を結ぶ追分ソーランラインとして観光地であり、海を臨む大パノラマはまさに景勝である。

幕末の頃は、海岸沿いの旧道でここから見上げる高さと、山から海岸に向かう切れ込み、この間が深い谷になっており、この峻嶮な地形を利用して松前軍は陣を敷いたのである。

激戦の記憶をとどめるものは、国道二二八号線、小砂子トンネルを抜け四キロほど北上すると大滝橋が架橋され、このあたりに「大滝古戦場跡」の標柱が建っている。

開陽艦沈没

明治元年十一月十四日、上ノ国大滝山の守備隊は土方隊との戦いに敗れ、江差は旧幕軍の占領するところとなった。

江差に駐屯していた松前藩兵は、土方隊を迎撃するためすでに天ノ川（上ノ国町）の河口に移動していたので、無血占領となったのである。

榎本和泉守武揚は、脱走軍ともいわれた旧幕軍の総師である。当時日本で最大最強の軍艦といわれた開陽艦（排水量二千八百十七トン、四百馬力の蒸気機関、艦載砲二十六門）に乗艦し、十四日に松前に来て松前城落城後守衛のため城中にいた旧幕軍の兵を収容して、翌十五日の朝、江差に到着し上陸させたのである。

艦の江差派遣について『人見寧履歴書』にこんな話が残されている。

人見は松前城が落城してから、守衛のため当地に残っていたが、榎本が軍艦に乗って大風雪の中、夜中に突然松前に来たという。

入城して人見と会見し、これから江差に急航する旨を伝えた。人見は、意外に思い自分の意見を述べた。「松前城の攻防で江差へ敗走した敵兵は僅少で、これに大艦をもって臨むのは牛刀をもって鶏を裂くのと同じである。また大風雪を押して進行することは、危険であるから明朝を待って出発してはどうか」と。

榎本はこう答えたという。「もっともなことであり敬服はしているが、自分があえて江差へ出向くのは、結局のところ政略であるので諒解して頂きたい。鷲ノ木に着艦以来今日、平定に至るまで手柄はことごとく陸軍であり、海軍は腕を撫して戦いもなく不満をいう者もいる。気休めのために、戦争が終わらないうちに敵に向かって発砲することで将兵の不満も収まるであろう。これも戦略である」と（文中現代文による表現は筆者による）。

明治元年十一月十五日早暁、開陽艦は江差沖に姿を現した。夜明けを待ちながら陸地を見ると、二〜三ヵ所に篝火《かがりび》が見えるだけである。ようやく空は明るくなったが、北西の風が吹き雪は降っていたが海上は波静かだったという。内地（本州）と異なり、とくに寒気が厳しく耳や鼻が削られるようだ。

岸辺から六町余り（約六百五十メートル）離れた所に鷗島という島がある。

胸壁に砲が据えてあるようにも見えるが、降雪のために良く見えない。島からの攻撃があるかもしれないので、試しに島に向かって艦砲を発射したが、反応がない。

島に人影が認められなかったので、開陽は江差湾の岸近くに乗り入れ、市街の人家を避けて後方の山へ七発打ち込んだが、藩兵一人として姿を見せない。ただ一般の民間人が発砲に驚いて走り回るのが見えるだけだ。艦からスループ（端舟）を下ろして、兵隊を少し上陸させてアイヌ人に松前藩兵の動向を聞いたところ、前夜のうちに熊石へ退いたという。

午前六時頃になって天候が急変し、風雪が強まり、さらに夜になって強風が吹き荒れ、艦の錨鎖が切れ、岸近くに吹き寄せられ、暗礁に乗り上げ遂に身動きができなくなった。

艦砲を発射してその反動を利用して、離礁を試みたが失敗に終わった。荒天のために榎本はじめ乗員は退艦できずにいたが、三日目になって漸く凪いだの

『開陽艦於江差破船之図』 明治元年11月15日、旧幕軍の開陽艦は嵐のため沈没した（『麦叢録』より、市立函館図書館蔵）

で、小銃とその弾丸等搬出可能な物を持ち出しやっと上陸し、艦と運命をともにすることは避けられたのである。

開陽艦は波浪に翻弄《ほんろう》され続け、十日余り経って艦はことごとく破壊され海中に没したのだ。

開陽を失った榎本は「暗夜に灯を失うが如し」とその心境を伝えている。

当時この一艦をもって新政府軍の艦船を封じ込めるだけの威力を備えていたから、榎本の落胆ぶりは推し

実物大に復原された開陽（檜山郡江差町）

て知るべしで、以後の戦局に重大な影響を及ぼすものだった。

昭和四十九年から、開陽の引き揚げが始まり、地元の高校生も全面的に協力して発掘作業が行われたのであるが、小銃やその弾丸等は沈みゆく限られた時間に陸揚げされたとみえて、開陽という海底遺跡からはクルップ砲等の大砲、砲弾、洋食器ほか多数の遺物が引き揚げられた。

艦の構造体を成すものとしては、キール（龍骨）の一部、スクリューシャフト等も揚がっている。江差には開陽が原寸で復原され、開陽丸記念館として多くの遺物が公開され、スクリューシャフト等は屋外で目にすることができる。

松岡四郎次郎が率いる一連隊二百五十名は、十一月十日五稜郭から出撃し、二股峠を経て館城（現厚沢部町字鶉）に向かった。

十五日を期して江差と館城を攻略する目的で鶉村の手前の稲倉石で十二、十三日の二日間にわたり戦闘が行われ、松前軍を破り、鶉村に到着した。十四日、旧幕軍は鶉村に作戦本部を置き館村の状況を偵察した。

松前藩兵は二隊に分かれて、鶉西方の本道、下蛾虫から東進し、別の一隊は下蛾虫の東北にあたる上蛾虫より進撃して鶉村の旧幕軍を挟撃した。銃撃戦は午前八時から十二時に至るまで続いたという。旧幕軍は別動隊を出して、松前軍の退路を断とうとしたので松前軍は敗走したのであるが、兵力不足のため旧幕軍を攻めきれずに館城に退去せざるをえなかったとも伝えられる。

翌十五日遂に館城決戦となるのだが、この日松前軍は二百名が守備していた。旧幕軍の差図役越智一朔が館城正門扉の下をくぐり抜けて開門したので、旧幕軍は雪崩を打って城内に乱入したたちまち白兵戦が繰り広げられた。松前の僧、三上超順は左手に弾よけの爼板《まないた》を持ち、右手に大刀を振りかざして獅子奮迅の働きをした。その様はまさに弁慶のようであったという。が遂に壮烈な戦死を遂げてしまった。

この戦闘で松前軍は敗れたが、戦闘終了後、旧幕軍はこの地が今後の戦略上、旧幕軍の兵力のこともあったが、要衝の地に非ずと判断して館城を焼却処分したのである。館城は築城開始から、六十五日、完成してから僅か二十五日にして灰燼に帰してしまったのだ。現在は厚沢部町字鶉で国道二二七号線から分岐する道道上磯厚沢部線に館城跡が史跡として保存されている。

館城跡の案内板、館城趾碑のほか井戸跡、今様弁慶と称された怪力無双の僧三上超順の力石といわれる卵形の大石が残されており、僅かに往時を偲ぶことができる。

松前藩降伏

松前軍との攻防も、藩の組織的抵抗がやんだので松岡四郎次郎率いる一連隊は江差で土方隊と合流した。合流後残敵を掃討するため、十一月二十日熊石に到着した。

当地には抵抗をやめた松前藩兵四百名余りがいた。この日旧幕軍との降伏交渉が成立し、とりあえず武装を解除し、松前に帰ってから改めて正式な降伏手続きをとることとした。四百余名の藩士達は、焦土と化した松前に戻り、戦火を免れた正行寺と法華寺に謹慎したのである。

十二月一日、旧幕軍との降伏交渉では、旧幕軍で遊撃隊長の人見勝太郎と松前藩を代表して新田主税(千里)と蠣崎広胖との間で次のように取り決められた。

一、藩主（津軽藩に退避していた）のもとに行きたい者は渡海は自由とする。但し帯刀以外の武器は持ち出さないこと。

二、帰農したい者は、刀や武器を差し出した上で指示を待つこと。但し松前、江差への居住は許されない。

三、我軍に加盟したい者はこれを許す。この場合は、帯刀を許し家族を扶養することを許す。

この結果、帰農する者や旧幕軍に加わる者が若干いたが、ほとんどは藩主を慕って津軽へ渡った。

この降伏調印式を演出してみせた人見勝太郎は、降伏者に対する扱いは寛容で人道的な配慮がうかがえる。人見は天保十年九月十四日、京都文武教授の子として出生した。戊辰戦争当時は、幕府遊撃隊士、維新後は政府に出仕して寧（勝太郎寧）と名乗る。

旧幕軍が蝦夷地を平定後、これまでの戦歴、指揮官としての人望が衆人に厚く、二十九歳で松前奉行に推されたのである。

戊辰戦争終結後、明治十三年茨城県令（現在の県知事）、その後は利根運河社長となり、政治経済界でも活躍し、大正十一年十二月三十一日、八十三歳の天寿を全うした。

蝦夷地占領

松前藩との攻防戦で残敵掃討作戦は熊石を最後にして、蝦夷全道の統治権は旧幕軍の手に帰したので要所に守備兵を配置し、他の者達は五稜郭に凱旋帰営した。

明治元年十二月十五日、箱館港に碇泊する旧幕軍の軍艦及び砲台から百一発の祝砲を放ち、全島平定を祝った。昼は艦船に五色の旗を翻し、夜は市街に花

蝦夷地全島を平定後、仮政権樹立のため明治元年12月15日、士官以上の入札（選挙）により各要職が決定された

海軍奉行　荒井郁之助
（市立函館図書館蔵）

総裁　榎本武揚（市立函館図書館蔵）

灯を掛け、その賑わいは、箱館始まって以来であったという。

旧幕軍が蝦夷島の支配者となって、政治を行う形態が必要であるため、アメリカ合衆国の例にならって士官以上による入札（選挙）を行うことにした。

入札の結果による最多得票の榎本武揚を総裁に、副総裁松平太郎、陸軍奉行大鳥圭介、同奉行並土方歳三、海軍奉行荒井郁之助、開拓奉行沢太郎左衛門、軍艦頭松岡磐吉、甲賀源吾、箱館奉行永井玄蕃、同奉行並中

松前奉行　人見勝太郎
（市立函館図書館蔵）

箱館市中取締、裁判局頭取
土方歳三（市立函館図書館蔵）

島三郎助、松前奉行人見勝太郎、江差奉行松岡四郎次郎、同奉行並小杉雅之進、会計奉行榎本対馬守、このほかの諸役が決定した。

諸役で開拓奉行という新しい機関を設けたことは、榎本が主唱する蝦夷地の開拓を進めようとする意思の表れであるともいわれる。

新たな行政機能が出現したことで、各国の領事（コンシェル）や港内に碇泊する英仏等の船主らが榎本と交渉し、これまで通り貿易を行うことなどを取り決めた。

軍艦頭　松岡磐吉　箱館戦争時　蟠龍艦長の卓越した操艦技術は敵軍からも称賛された
（市立函館図書館蔵）

会計奉行　榎本対馬守
（市立函館図書館蔵）

榎本はこの機会にあらためて新政府に対し、嘆願書を提出するのである。その大容は、徳川家は政権を朝庭に返し（大政奉還）、一般に七百万石ともいわれる領地が七十万石に減封され、禄を失った多くの家臣達は生活ができない。この救済をするため、徳川家の血筋の然るべき人物を新政府から推薦してもらい、失業した旧家臣団を移住させて蝦夷地の開拓に当たらせ、北方の脅威から守りを固めることが本意であり、新政府に敵対するものではないので、趣旨を聞き届けてほしい、というもので、この嘆願書は英、仏の両国公使を経て新政府に届けられ、右大臣岩倉具視に達した。

新政府は徳川家の野心であるとして、これを却下するとともに言辞甚だ不遜であるとして、通達されたのは明治二年一月中旬のことである。新政府は、とうに旧幕軍を国賊として武力で制圧する方針であったのだ。

宮古湾奇襲

明治二年三月中旬となり、津軽へ派遣していた間諜が帰って新政府軍の動向に関する報告があった。

三月十日、新政府軍の軍艦五隻（甲鉄、春日、朝陽、陽春、丁卯）に輸送船

二隻と米国船を雇い、八隻の艦船は品川を出航して十七、十八日頃に南部藩領の宮古湾に入港するという情報である。全艦船が宮古湾に入港したのは二十一日のことだ。

先の入札で軍艦頭で回天の艦長である甲賀源吾の発案とも伝えられるが、旧幕軍は宮古湾に碇泊中の甲鉄艦を奪い取るという作戦が採用された。十一月十五日に江差で開陽艦を失い、低下した海軍力の挽回を図るために企図されたのだ。

明治二年三月二十一日未明に海軍奉行荒井郁之助を司令官として、敵艦への切り込みは陸兵が当たり、指揮官は陸軍奉行並の土方歳三、これに彰義隊、神木隊、新選組とフランス軍事顧問団の客将ニコールが回天に乗り組み、蟠龍には遊撃隊の一個小隊とクラトウが乗艦し、高雄には神木隊の一個小隊にコルラッシュが乗り組み、榎本総裁の期待と祈りを込めた見送りを受けて甲鉄艦奪取の壮途についた。これに先立ってニコールからアポルダージュ即ち、敵艦に対する接舷攻撃の手順が示された。

航行途中の三月二十二日、南部領の鮫港に寄港し三艦長（回天・甲賀源吾、蟠龍・松岡磐吉、高雄・小笠原賢蔵）が集まって軍議が開かれ、作戦行動を速やかに遂行ならしめるために、宮古湾より南五里にある山田湾に入り、あらためて態勢を整えてこの一戦に臨むこととし、この日の午後鮫港を抜錨した。

夜になって低気圧による悪天候となり、僚艦が離れ離れになってしまった。この頃の艦船は蒸気機関による汽力と帆走との組合わせで航行していたのだが、汽力では外輪船やスクリューによるもの、機関の出力の大小等それぞれ能力に差があるため、艦隊行動をする場合一定の船速で航行するのが難しかったのだ。

荒天で回天は外輪のカバーを破られ、他艦は汽力に劣るため波にまかせての航行となった。三月二十四日黎明、風は止み波は高かったが回天は山田湾に着いたのである。黒煙を上げて高雄もやっと到着したが、蟠龍はまだ姿が見えない。回天は米国旗、高雄は露国旗を揚げて入港した。

土地の者に宮古湾の動静を尋ねたところ、官艦が数隻入港して市中は賑わっているとの情報を聞き込んだ。まだ来着しない蟠龍を待っていては襲撃する千載一遇の機会を逃がすことになりかねないといった事情から、回天、高雄の二艦をもって宮古湾に突入することに作戦を変更した。

高雄は甲鉄に当たり、回天は他の艦船を引き受けることとして、午後二時山田湾を出港した。が、またひとつ重大な誤算が生じた。高雄の機関に損傷を生じたのである。敵陣近くでウロウロしていて敵艦に発見されたらすべて無になる。一刻の猶予も許されないので回天一艦をもって襲撃せざるを得ない状況となっていた。

二十五日、回天は米国旗を揚げたまま宮古湾に突入すると同時に日章旗に代えて接舷攻撃を敢行した。当時の海戦は開戦直前まで他国旗を揚げいよいよ開戦という時に自国旗を揚げることは、国際法の違反ではなかった。

国際法を知る榎本の知恵だったかもしれない。

回天は甲鉄に体当たりした。接舷は「リ」の字にならずに「イ」の字の形になってしまった。この形だと効率よく敵艦への移乗ができない。その上にまだ誤算があった。彼我の舷側の高さが余りに違い過ぎたのである。

回天の舷側が一丈（約三・三メートル）も高く、この高さを飛び降りたら骨折の恐れもある。

野村理三郎、大塚波次郎らが先陣を切って甲鉄に飛び降りていったが、ほどなく戦死してしまう。甲鉄も奇襲にとまどいながらも、戦闘体制が整うとともにガットリングガンが凄じい威力を発揮し出した。

この戦闘で回天艦長の甲賀源吾は、左股と右肩に銃創を負い苦痛をこらえて叱咤激励している最中にこめかみを射抜かれて絶命した。戦闘は三十分ほどだったと伝えられるが、旧幕軍の死傷者は五十人余り、新政府軍のほうは三十人余りだったという。

この海戦が終わってから蟠龍と高雄が到着したが、回天とともに新政府の艦隊に追跡され船足の遅い高雄は、敵の陽春が迫ってきたので南部の九戸の海岸に乗り上げ、自らの手で艦を焼き払い、乗員九十人余りは南部藩に降伏した。二十六日回天、蟠龍の二艦はこの作戦の失敗という結果をもって箱館に帰港したのである。ここに甲鉄奪取の計画は水泡に帰したのだった。

第三章　新政府軍との攻防

乙部上陸

明治二年四月六日、新政府軍の海陸軍の参謀山田市之允（顕義　長州藩）、陸軍参謀黒田了介（清隆　薩摩藩）、海軍参謀増田虎之助（佐賀藩）が軍議の結果、江差の北方三里余りの乙部村（現爾志郡乙部町）に上陸し、旧幕軍に対する攻撃を開始、進攻することに決定した。

新政府軍がこの時期に行動を起こしたのは、冬の蝦夷地は雪と厳しい寒さのため、南国育ちの兵士が十分に働けないであろうと判断したものだ。

甲鉄、陽春、丁卯、春日の四隻の軍艦と外国雇船の二隻に、長門、備後福山、弘前、徳山、越前大野、松前の各藩兵千五百名を乗せて青森港を出港し乙部に向かった。

新政府軍には今や開陽を凌ぐ甲鉄艦がある。この一艦を保有することが新政

甲鉄艦（『附記艦船之図』より）

朝陽艦（『附記艦船之図』より）

府軍の海軍力を一挙に優位にさせたのである。
　冬の間に軍備を充実させ、蝦夷地進攻の戦略を練った上での進軍開始である。
　蝦夷地進攻に関しては、箱館在留の外国領事へも通知された。

箱館戦争官軍上陸の地の木碑（爾志郡乙部町）

箱館戦争官軍上陸跡地の標示板（爾志郡乙部町）

四月九日、新政府軍は無警戒の乙部に上陸した。この報を聞いて旧幕軍は江差駐屯の守備兵一連隊三小隊が急行し、上陸兵との間に戦闘が行われたが、海から甲鉄の援護射撃もあり旧幕軍は敗走してしまった。

この戦いは、新政府軍と旧幕軍の蝦夷地をめぐる本格的な戦争のほんの序曲であった。

さらに南下して江差を砲撃したので、旧幕軍は石崎村（現檜山郡上ノ国町）まで敗走した。

新政府軍は江差で陸軍を三隊に分け、箱館に進攻するための三道即ち、松前口（現二二八号線）、鶉山道口（現国道二二七号線）、木古内間道口（現道道江差木古内線）の道路をそれぞれに進撃を開始した。

松前口の攻防

江差を新政府軍に奪われた旧幕軍は、十一日松前まで後退し当地の守備兵とともに、この日の夕刻江差を再び奪還しようとして、江差に向かった。根部田村（現松前町）で新政府軍と遭遇しこれを撃破し、十二日には江良町（現松前町）まで兵を進めた。

この時に五稜郭本営から、兵站線が伸びすぎるとの理由から指令により、松前に戻って滞陣することになった。この頃は鶉山道の二股口、木古内間道口もまだ旧幕軍が優位を保っていた。

新政府軍は十二日に第二陣が到着し、続いて十五日には黒田、大田黒（亥和太　熊本藩）の両陸軍参謀が率いる第三陣が相次いで江差に到着し、武器、弾薬の補給体制を整えた。

補給により強化された新政府軍は四月十七日再び進撃を開始した。春日艦が砲撃を加え、この後に陸軍が進撃するという陸海軍の共同作戦に旧幕軍は後退しつつ松前城下入口の折戸浜の台場で防戦した。が、山手を回った一隊に背後を衝かれ、さらに新政府軍の甲鉄、朝陽、丁卯、陽春に松前城を砲撃されて後退し、十八日に木古内の守備兵と合流した。

二十日には新政府軍の黒田陸軍参謀と増田海軍参謀らが松前城に入城した。

木古内の戦い

乙部に上陸し強力な艦砲と陸兵との共同作戦で江差を回復した新政府軍は、四月十日、江差から上ノ国を経由し木古内に至るいわゆる木古内間道口でこの間道口を進み、旧幕軍が守備する木古内陣地の胸壁に攻撃を加えたが、旧幕軍の堅陣を抜くことができなかった。

この戦闘の後旧幕軍の陣営に陸軍奉行大鳥圭介が五稜郭から出向いてきた。十二日は戦闘実に五時間にも及んだといわれるが、この後は一進一退を続けていた。十八日になって大鳥は軍議のため五稜郭へ帰っていった。

この間に新鋭の兵員を投入し増強された新政府軍は、二十日早朝に旧幕軍の守備隊に切り込みを敢行した。不意を衝かれた旧幕軍は総崩れとなり、札刈村（現木古内町札刈）、さらに泉沢村（現木古内町泉沢）へと敗走したが、知内村に残留し松前出兵から引き揚げる途中の一隊が応援に駆けつけたため、勢いを得た木古内口の守備兵は攻勢に転じた。新政府軍は挟撃される形となったので、稲穂峠に向かって逃走した。

旧幕軍は再び木古内陣地に戻ったが、この日夜になってから大鳥圭介が木古内陣営に来て茂辺地（現上磯町茂辺地）への転陣を命令した。この陣地を死守しようとしていた守備隊はこの作戦には反対したが、結局命令を受け入れ、茂辺地へ後退していったのである。

二十二日には大鳥自身の作戦により、矢不来《やぎない》（現上磯町矢不来《やふらい》）に防衛陣地を固めることとし、衝鋒隊、額兵隊、見国隊などが胸壁を構築し備えを固めることにした。

新政府軍は二十二日に進撃を開始し、木古内に至り翌二十三日には泉沢村まで進出しここに滞陣することになった。

鶉山道二股口の激戦

明治二年四月十日、陸軍奉行並土方歳三は衝鋒隊の二小隊、伝習隊二小隊を主力とする三百の兵を率いて伝習隊の大川正次郎とともに二股口（現大野町）に赴いた。

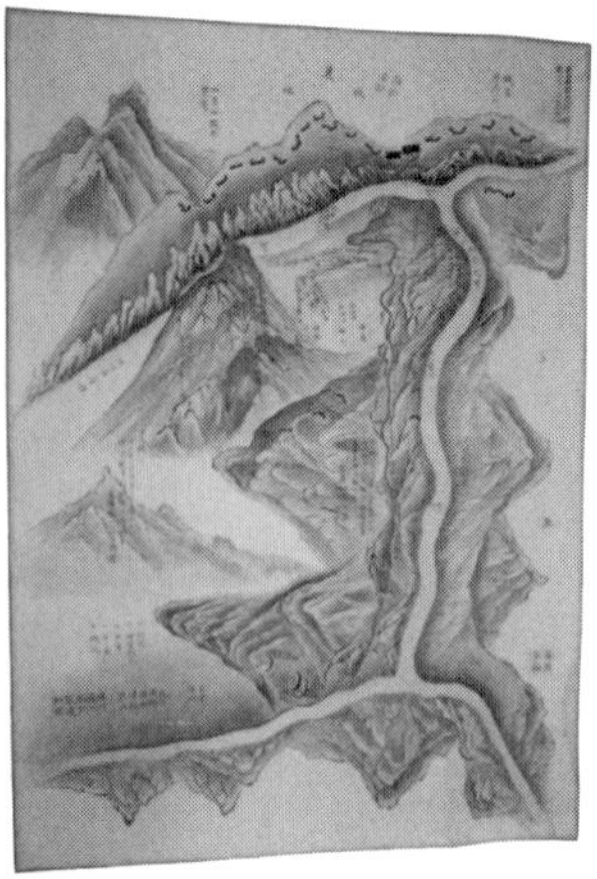

『箱館戦争図幅』より、二股口戦争図（市立函館図書館蔵）

大野村はこの時代各方面に通ずる要衝の地で、新政府軍が海岸線の松前口（現国道二二八号線）のほか鶉山道（現国道二二七号線）を進撃してくるのは必至とみて、市渡《いちのわたり》の分岐点から十キロ余りの下二股に陣地を構築した。ここは下二股の沢と東二股の沢が合流し、さらに大野川に流れ込んでいる。

ちょうどここの台場山といわれる標高二百メートルあるかないかの山頂に砲台を築き、前面と左右に塹壕を掘った。沢から頂上にかけて峻嶮な地形を利用して一帯に十六ヵ所の塹壕が掘られた。

この陣地の構築は、前年から大野村に留って越年した額兵隊により雪中の作業が行われ、フランスの軍事顧問団の助言があったと伝えられる。三キロほど先の天狗岳には前衛基地を置いて新政府軍への迎撃体制を整えたのである。大野村が要衝の地であることは述べたが、『大野町史』によれば、市渡には「七人の侍」という言葉がよく使われていた。

必ずしも七人であったかどうかは定かではないが、榎本総裁や副総裁の松平太郎はじめ上級将校等が、市渡神社やこの辺りの名主である沢村家でよく戦略を協議していたという。新政府軍の進攻に備える旧幕軍の防衛構想は次のようであった。

内浦湾（噴火湾ともいう）の沿岸を一応上陸地と想定し、大体はこの方面に配備している。因《ちなみ》に、古屋作左衛門（衝鋒隊長）は、一個中隊を率いて森に砲台三ヵ所、天野新太郎（衝鋒隊第一大隊長）は一個中隊とともに旧幕軍の上陸地点となった鷲ノ木に保塁三ヵ所、永井蠖伸斉（衝鋒隊第二大隊長）は一個中隊を率いて砂原（現南茅部町）に砲台三ヵ所、浅井陽（衝鋒隊頭取改役）等は臼尻、川汲などに砲台五ヵ所、その他の要所に監視所を構築するなどして体制を整えていたのだが、新政府軍は裏をかいて日本海沿岸の防禦が手薄な乙部に上陸を敢行したのであった。

攻撃体制を整え、四月十三日午後三時頃に新政府軍は旧幕軍の前衛基地である天狗岳の陣地に攻撃を開始した。この陣地を攻略した新政府軍は六百の兵力をもって台場山の二股口の陣地に迫り、ここに猛烈な銃撃戦が展開された。

この戦闘で旧幕軍は三万五千発余りの弾丸を費やしたという。銃は連続して発射を続けると銃身が熱くなるので谷川から水を汲んで銃身を冷やしながらの射撃であったと伝えられる。

二股口の戦闘は翌十四日の朝六時頃まで夜を徹して続けられたが、地の利を生かして構築した陣地と巧みな戦術で戦い抜いたので、新政府軍は遂にこの陣を突破できなかった。

この戦闘の状況は、旧幕臣杉浦清介（箱館奉行支配組頭）の著『苟生日記』の中で、戦闘に参加し、フランスの軍事顧問の一人であったホルタンから、ブリュネに報告されたとある。

「十六時間も戦ったが、今朝六時に敵は弾薬に乏しくなったので立ち退き、味方も同様であった。……味方の働きは驚くべきもので一人も怠ける者はいなかった。味方の顔を見ると火薬の粉で黒くなっている。恰《あたか》も悪党に似ている。四月十六日六時十五分、二股にて　ホルタン。ブリュネ君」と激戦の様子を伝えている。

火薬の黒粉というのは、火薬の成分である硝石、硫黄、木炭粉からなる黒色火薬の使用によるものであろう。

二十三日夕刻、新政府軍は再び二股口を襲った。死守する旧幕軍は苦戦を強いられていたが、五稜郭から応援に駆けつけ参戦した伝習隊頭並瀧川充太郎は二小隊を率いて突然、新政府軍に突撃を敢行した。

不意を衝かれた新政府軍は敗走し、これを食い止めようとした軍監駒井政五郎（長州藩）は戦死してしまった。

新政府軍は軍備を立て直し、再度攻撃をしたが、旧幕軍の強固な砦は遂に攻め落とすことができず、二十五日には天狗岳の自陣まで撤退し旧幕軍と対峙することになったのである。

しかし土方軍は矢不来の戦いが不利で、ここを敵に抜かれると退路を断たれるので、二股口の陣地は一切の設備を破壊し、地雷火を埋設して二十九日鮮やかに撤退したのである。

二股口の攻防は、陸軍奉行並土方歳三を指揮官として戦われたが、地の利を生かした塹壕の構築、強固な陣地、的確な判断と果敢な作戦行動等、実戦を戦い抜いてきた土方の面目躍如たるものがあった。

余談だが塹壕を掘ってのいわゆる塹壕戦は、第一次世界大戦の仏、独の戦いで本格化するのだが、仏・独の国境に沿って七百キロもの長さだったという。雨が降ると塹壕内に水が溜って水虫に罹患した兵士が多かった。

二股口の塹壕跡は現在でも残っていて視認することができる。現在の国道二二七号線を大野町から江差へ向かうと、右手に「二股口古戦場入口」の標柱が建っていて、右折して進むと大小の案内標示があり、コンクリートで覆われた用水路がある。ここは小広場で車はここまでは入っていける。この右手にまた標柱があり、ここからは徒歩になる。

さらに進むと大野町教育委員会が設置した説明板や「土方軍戦死者之御霊」の標柱が設置されている。この辺りにも塹壕の痕跡があるが、百三十年余りの歳月を経てかなり埋もれている。往時はもっと深くしっかりした形状であったと考えられる。

この右手の高所に送電のための鉄塔があり、筆者はこの周辺も踏査したが今のところまだ塹壕跡の確認ができていない。この古戦場跡は正に「兵《つわもの》どもが夢の跡」を彷彿とさせる風景ではある。

矢不来の激闘

組織的に訓練された兵と最新式の武器を擁し、江差、松前を制した新政府軍だったが、兵站戦が延びすぎて武器、弾薬、兵糧の補給が追いつかないので、泉沢村（現木古内町）に数日間滞陣していた。補給を終えて、四月二十九日の早暁を期して、海軍と陸軍の共同作戦により矢不来の攻撃が開始された。

矢不来は箱館湾を挟んでその対岸には弁天台場があり、湾に侵入する敵艦に対して、相呼応して砲撃する防御システムが構築されており、矢不来は重要拠点でここを突破されると湾の防御システムを失うことになるのである。

旧幕軍は、二十三日に木古内から引き揚げてきた部隊を矢不来に移動させて防御の増強を図り、さらに陸軍奉行大鳥圭介は二十六日、五百人の兵を率いて矢不来陣地に来着し、陣地を強化することとした。

新政府軍の攻撃に対し旧幕軍は、茂辺地川の東側台地に数十ヵ所の防塁を構築して新政府軍を迎え撃った。新政府軍は海陸の共同作戦を展開し、陸軍は海岸沿いと山手の二方面から攻撃を開始した。

対する旧幕軍は、海岸から四キロほどの鏡山（標高二百三十メートル）の腹を取り囲むように胸壁を築いて攻撃に備えていた。接近してくる敵兵に旧幕軍は猛烈な攻撃を加えたので、新政府軍は甚大な被害を受けたという。

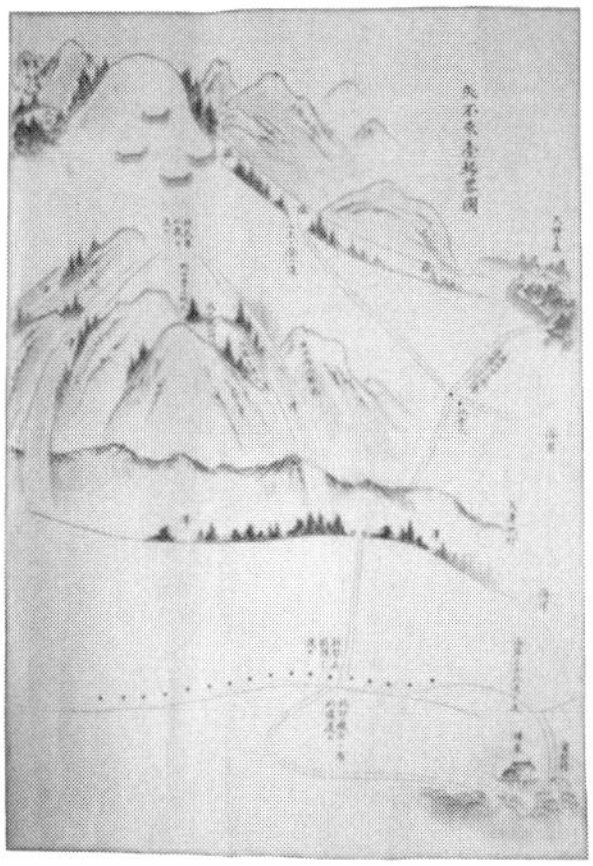
『箱館戦争図幅』より、矢不来台場略図（市立函館図書館）

矢不来の旧幕軍の陣地前には地雷がいたる所に埋設され、さらに多くの死傷者が出るなど新政府軍は劣勢になりつつあったが、やがて新政府海軍の艦砲射撃が威力を発揮し、旧幕軍は動揺を隠せなかった。

この戦闘で衝鋒隊の天野新太郎、

『箱館戦争図幅』より、矢不来台場攻撃略図（市立函館図書館蔵）

永井蠖伸斉が戦死し、歴戦の指揮官を失った旧幕軍は有川村（現上磯町）まで退いた。

この戦況に榎本総裁は前線に駆けつけたが、頽勢の立て直しは無理と判断し、全軍五稜郭へ引き揚げたのだった。

一方、鶉山道二股口の砦で寡兵よく敵軍の進攻を封じていた土方軍に、二十九日の矢不来の敗報が伝えられた。退路を断たれ挟撃される恐れがあるため、この日速やかに撤退して五稜郭に引き揚げたのである。

この戦闘で敗れた旧幕軍は、市街地を中心とした箱館を残すのみとなり、新政府軍との攻防は最終局面を迎えようとしていた。

第四章　箱館のことなど

はこだての地名

「はこだて」の地名は、もとはアイヌ語でウスケシ、湾の端の意で、和人（アイヌ人からみるとシャモ）が宇須岸と称した。

一四五三年（享徳二年癸酉）頃に河野政通なる人がこの地に築いた館が箱の形であったことから「箱館」といわれるようになった。

この館はその昔、現在の基坂《もといざか》の上の方、元町公園の一隅にあり、この辺りは公会堂、観光案内所などがあり、元治元年の頃までは箱館奉行所（五稜郭に移転する前の庁舎）があった。

基坂も幕末の頃は、〝御役所の坂〟や〝御殿坂〟と呼ばれていた。

アメリカのペリー提督が箱館に来港した際の『日本遠征記』にＨＡＫＯＤＡＤＩ（はこだで）と記したという。

何故「はこだて」ではなく「はこだで」なのか。筆者が取材や調査で当地に滞在している時に地元の人の会話の中に「はこだで」というのを聞いたが、いわゆる函館弁というのかもしれない。かのペリーも箱館滞在中に「ＨＡＫＯＤＡＤＩ」と聞こえ、これをそのまま筆記したものではないかと考えられる。

函館の地形

函館の町は、地図で見ると函館山の麓、現在の宝来町や末広町辺りから北東に向かって細くくびれている。今から二万年くらい前の沖積世の末に地球が温暖期を迎え、海水面が上昇すると函館山は陸地と離れて島として孤立した。つまり細くくびれた所は現在の大縄町の中の橋の手前くらいまでは海だったと伝えられるが、実際に踏査するとこれは実感できる。

約三千年前になると、港内側の海水と外海の海水が中間の浅瀬でぶつかり合って次第に砂を堆積して砂州となり、函館山と陸続きとなった。前述のくびれが砂州であり最も細い部分で四百五十メートルくらいだったといわれている。やがて箱館に住む人々が増え、港湾の機能、物流、人々の往来など状況の変化に伴って海岸を埋め立てる必要に迫られた。

安政年間の頃より海岸の埋め立てが活発に行われ、万延元年（一八六〇）には地蔵町から鶴岡町（今の豊川町から大手町の辺り）にかけて海岸を埋め立て、三つの築島に掘割を通し橋を架けて新築島を築いた。その後も海岸一帯は埋め立てが進み、弁天台場（現在の函館ドック）から七重浜の辺りまで、埋め立て工事により変貌を遂げながら現在のような町を形成していったのである。

五稜郭

箱館戦争の時に榎本武揚を総帥として旧幕軍の拠り所であり、大本営ともなった五稜郭は、ロシアの南下政策による脅威の対策として安政四年（一八五七）に着工し、元治元年（一八六四）五月にほぼ完成した。箱館奉行小出大和守秀実が検分のうえ、六月に現在の元町にあった箱館奉行所の庁舎をここに移転したのである。

元治元年六月といえば、遠く京都の地では暴走する長州等の蛮行を取り締まるため、新選組が斬り込みを敢行した池田屋騒動が勃発した月でもあった。

五稜郭は、郭内十二万一千三百平方メートル、郭外五万六千四百平方メートル、堀六万九千百平方メートル、堀の幅三十メートル、堀の深さ四～五メートル、堀の外周約一・八キロ、土塁の高さ五～七メートル、庁舎約三千平方メートルと二十棟余りの付属建物が築造された。水道施設は、亀田川から取水し木樋で郭内へ給水し、排水処理も行われていた。

蝦夷地の政庁として造営された五稜郭は、慶応二年（一八六六）までにすべての工事が完了した。当初は亀田御役所土塁とも呼ばれていた。

新築の五稜郭はヨーロッパの城郭をモデルにしたと伝えられ、我が国最初の洋式城郭として、従来の城郭から見るとその形状は特異なものである。設計監理は箱館奉行支配諸術調所教授役の武田斐三郎が当たった。

暖房考

幕末の頃の気温は現在より二度ほど低かったといわれる。今は地球温暖化が取り沙汰されているが、旧幕軍が蝦夷地の鷲ノ木に上陸した明治元年十月二十日は、新暦では十二月三日であり、厳寒期に向かう季節だったし、各地の戦いも過酷な条件の中だった。この厳寒の地蝦夷地における暖房事情はどうなっていたのだろう。

安政元年（一八五四）、松前藩が支配した蝦夷地を再び幕府の直轄地として北方警備の必要から、宗谷、手塩（天塩）、斜理（斜里）、南千島、樺太といった箱館より過酷な条件の地に幕命をもって士卒達を派遣した。

これらの人達は、寒さを必死に耐えていたのだが越冬できずに無念の死を遂げた人も少なくなかったという。寒冷の地で越冬警備を続ける士卒が寒さのため下半身が水ぶくれとなり、顔がむくみ苦しみながら死に至る奇病が発生したが、これは水腫病といわれ恐れられた。

こうした現状だったから箱館奉行所は、何とか寒冷地対策を講じなければならない事情があった。

安政元年、幕命により箱館の地に二名の役人が赴任してきた。竹内下野守保徳＝台場築造、大砲製造、大船製造掛として江戸湾の防衛構築の任にあった。目付の堀織部正利煕＝竹内と同様に参画していた。次いで翌安政二年（一八五五）、村垣淡路守範正が赴任した。村垣は、勘定吟味役として前二人とともに敏腕を振るっていたが、いずれも有能、勤勉な幕吏であった。

赴任先の箱館奉行の役割は、海岸の防備とともに外国人の応対、広大な蝦夷地の統治が主要な任務であった。

「日本初のストーブ」
このストーブは複製である
（箱館高田屋嘉兵衛資料館蔵）

安政三年（一八五六）二月、幕府の支配役並下役元締梨本弥五郎が箱館に赴任してきた。梨本は五稜郭の設計者武田斐三郎と親交があり、武田は以前長崎のオランダ商館でクワエヒル（オランダ語でストーブのこと）を見ており、梨

「日本初のストーブ」安政3年（1856）11月25日、箱館で公式の試し焚きが行われ、この日をストーブの日とした。時の箱館奉行村垣範正の公務日記に「三郎より差越、誠ニ用中、至テ暖也」と記されている。このストーブは複製である
（箱館高田屋嘉兵衛資料館蔵）

本は武田からクワエヒルのことを聞いていたのである。

二人は、箱館港に碇泊中の英国船に乗船した折、ストーブの実物を写生し、梨本はこれを基に設計図を書き、村垣淡路守に製作について意見を具申していたが、三月、任地の宗谷詰調役として配下とともに同地へ赴任していった。

村垣は武田に製作指導を命じ、大町の鋳物師源吉に製作を請け負わせ、鋳物職人孫右衛門と瓦師利三郎が製作に当たった。

しかし、燃えさかる火を鉄の器で囲む

という発想の鋳作りに不慣れなことから六器しか完成できず、北方各地への配分も遅延したので、宗谷に赴任していた梨本は、アイヌから帰俗した景蔵に作らせ、辛うじて越冬に間に合わせることができた。

国産のストーブは安政三年十一月二十五日、箱館で公式の試し焚きをした。この日をもって「ストーブの日」としたのである。

この日のことは村垣範正の公務日記に「至て暖也」と記されている。ストーブの出現で、冬期間の暖房を獲得したことで蝦夷地の開拓に大きく貢献した。

因にその寸法は全高九十センチ、胴径四十八センチ、重量は九十キロである。このストーブで特筆されるのは、煙筒の直径とロストルのすかし幅が現在のストーブもまったく同じであることだ。

この当時の煙筒は陶製で、ロストルというのは、燃焼部と落灰部の仕切り板のこと。燃え尽きた灰はロストルのすかしを通って底部に溜る構造になってい

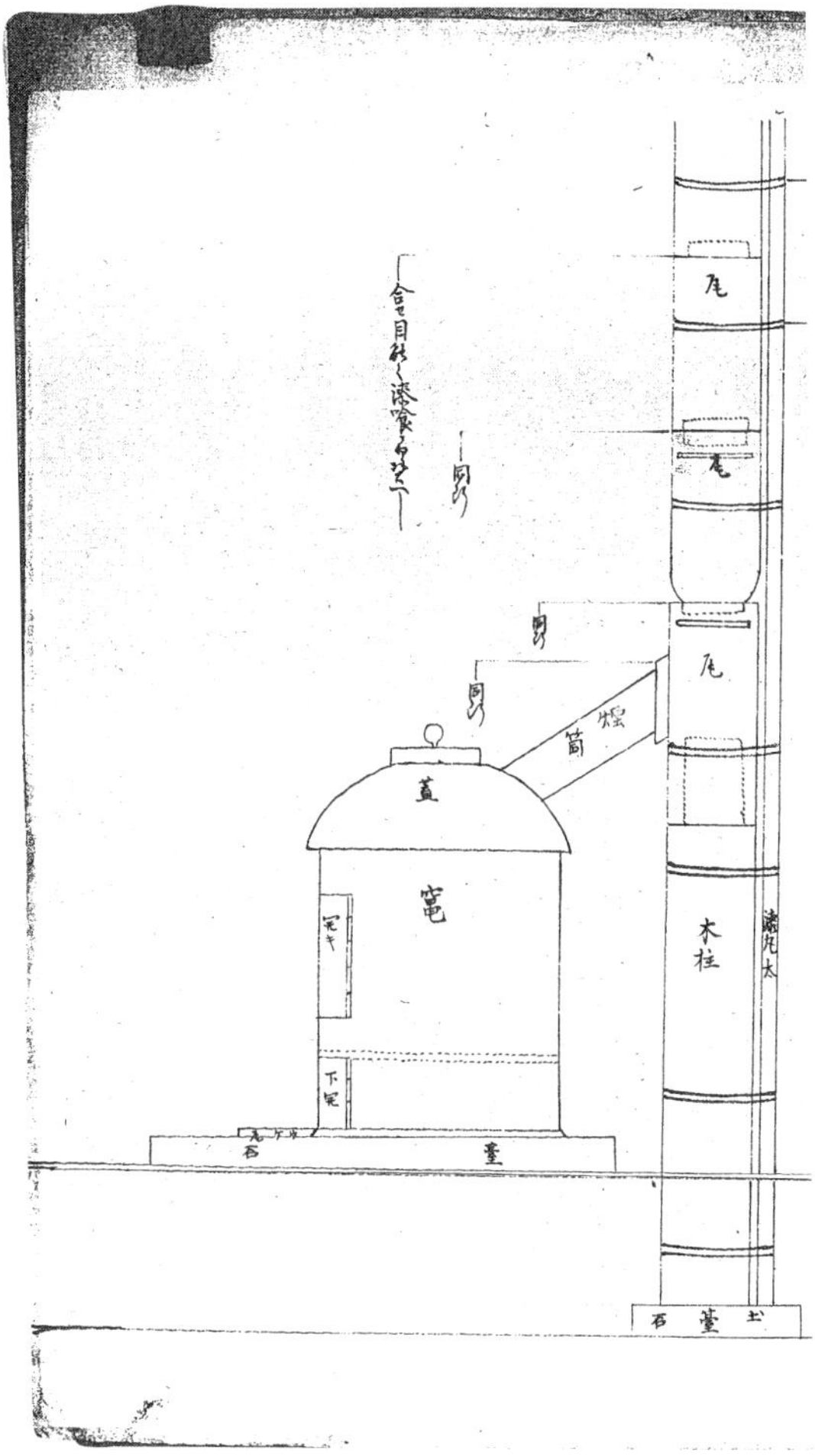

『村垣公務日記』より、ストーブの図（北海道立文書館蔵）

る。

余談だが宗谷に赴任する時の梨本弥五郎の痛快な話が残っている。

この当時箱館から宗谷へ行くには、日本海を北上する海路によっていた。途中の積丹半島の先端に神威岬がある。

岬は暗礁が点在する非常な難所であったが、女性を乗せてここを通りかかると海は一転大荒れに荒れ、船を沈没させてしまう、魔神の為せる業であるという迷信があり、女人禁制となっているいわく付きの場所でもあった。

梨本は、配下の妻子も一緒に連れていくことを船頭に伝えたが、祟りを恐れてなかなか頭を縦に振らない。何とか口説き落として神威岬に差しかかった時に岬に向かって銃を発射して何なく通過したのだ。

このことが、迷信に長く苦しんできた人々を、女人禁制の呪縛から解放することになったのである。

この迷信の起源ははるかに遠く、源義経が兄頼朝に攻められたが、奥州の衣川で死なず脱出して蝦夷島へ逃がれ、大望ある身、家来の弁慶とともに大陸へ渡っていった時に遡る。

この時、恋仲のアイヌの娘は同行できなかったことを悲観して岬から身を投げ魔神に化神して、女性を乗せた船が通りかかると船を沈めるという話がまことしやかに流布していったものである。

そして一緒に行きたくてもそれが叶わない妻や恋人の心情が北海道民謡の「江差追分」にも歌われている。「忍路《おしょろ》高島及びもないが、せめて歌棄《うたすつ》磯谷まで」この歌碑は小樽の高島防波堤にも残されているはずだ。

ともかく北の涯、酷寒の地にストーブが出現して越冬を容易にしたことは北の生活史の一面を物語る出来事であった。

さてこのストーブ、箱館戦争当時五稜郭で使用されたかどうかであるが、製作され、試し焚きをしたのが安政三年で、十年余り経つ明治元年頃には普及していてもよさそうなものだと思い、市立函館図書館、同博物館、道立文書館等で調べてみたが、使われた形跡は見当たらなかった。僅かに稚内市史に北方の出来事として散見できただけである。

因にストーブが試作された当時、一器の価格は九両だったといい、津軽米六十キロの俵が二十俵ほどの高価なものだったのだ。

第五章　箱館総攻撃

新政府軍の戦略

蝦夷地南西部一帯を戦場として展開した旧幕軍と新政府軍との激闘も兵力、補給、武器等で劣り、疲弊が目立つ旧幕軍は戦線を縮小し、箱館と近隣の周辺部に限定して防禦を固めることとした。

五月十日、新政府軍は明日の箱館総攻撃について軍議を開き、作戦行動を決定した。

新政府軍の軍監野田大蔵（熊本藩）の日記にこの作戦行動を次のように記している。

「明一一日暁方三時三〇分に箱館を急襲するため、進軍喇叭《らっぱ》の合図により進軍する事。

乗艦順序　一番─台場口諸兵、二番─山の後口手兵、三番─中央手兵の順で乗艦する事。

上陸順序　一番―中央諸兵、二番―山の後口手兵、三番―台場口諸兵の順に従い粛然として上陸する事。

一、富川（上磯町）より乗艦するまでの間、一〇日午後八時までに富川に集合し準備をしておく事。

一、弾薬は各々百発を所持する外、別に一五〇発を用意する事。

一、臼砲弾薬一門につき二〇発を用意する事。

一、兵糧三度分所持する事、後は出先に大小小荷駄で補給するので受取るべき事。

暗号　一、味方識別のため、合言葉は月と風とする。指揮旗　一、赤白とする。

この外、ケット（ブランケットの略で毛布の意）、雨具たりとも一切用意してはならない。

兵賦（攻略の割り当て）

中央　薩州（薩摩藩）一中隊、筑州（久留米藩）一中隊、福山藩臼砲、松前藩臼砲、備州（岡山藩）臼砲一門

山裏　長州藩一中隊、松前藩一中隊、右豊安丸

台場口（亀田新道台場）伊州（津藩）一中隊、津軽藩一中隊、徳山藩一中隊、長州藩臼砲、備後（福山藩）臼砲一門、右飛龍丸。

各藩人夫三〇〇人と和船二艘、右の外大野口、山手浜手両口の兵賦等は省略する。

戦約　山手浜手、明暁三時より、箱館同三時三〇分より、海軍三時より。右の通り相違ないようにする事」

これが新政府軍の箱館総攻撃の戦略として決定された内容である〔注＝（　）内は筆者〕。

明治二年（一八六九）五月十一日、前日の軍議による手筈通り早暁三時を期して、箱館山から五稜郭北方の四稜郭、権見台場の方面と大川、亀田と三方か

ら箱館を包囲する形で攻撃が開始され、これに甲鉄等の艦船が加わって箱館戦史で最大の激戦が展開されるのだが、旧幕軍はこの攻撃を事前に知っていたという。

山上からの急襲

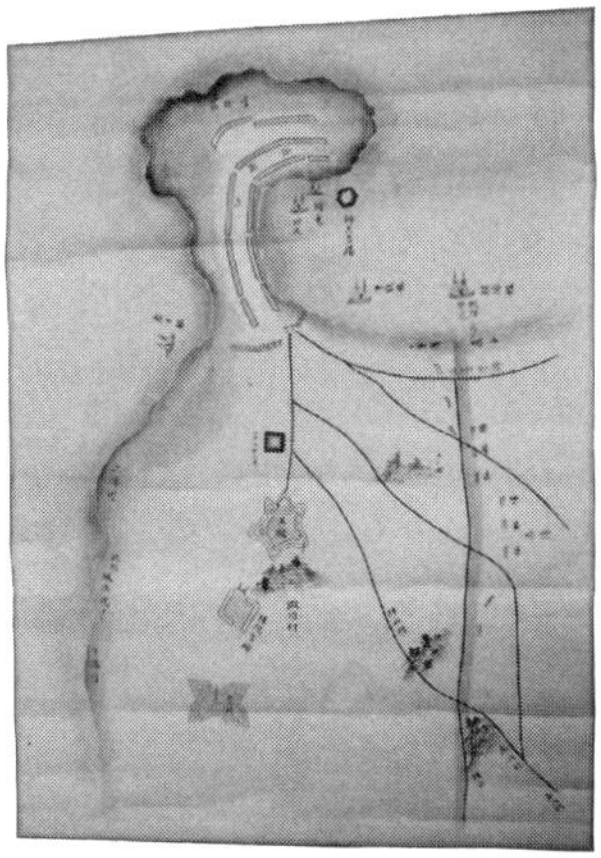
『箱館戦争図幅』より、箱館総攻撃の図（市立函館図書館蔵）

作戦通り箱館山の背後、寒川に前日から上陸し翌日早暁の攻撃に備えて山中に待機していたのだが、十一日の早暁、新政府軍は山上から奇襲攻撃を仕掛けた。敵兵の突然の出現に旧幕軍は余程驚いたらしく、元彰

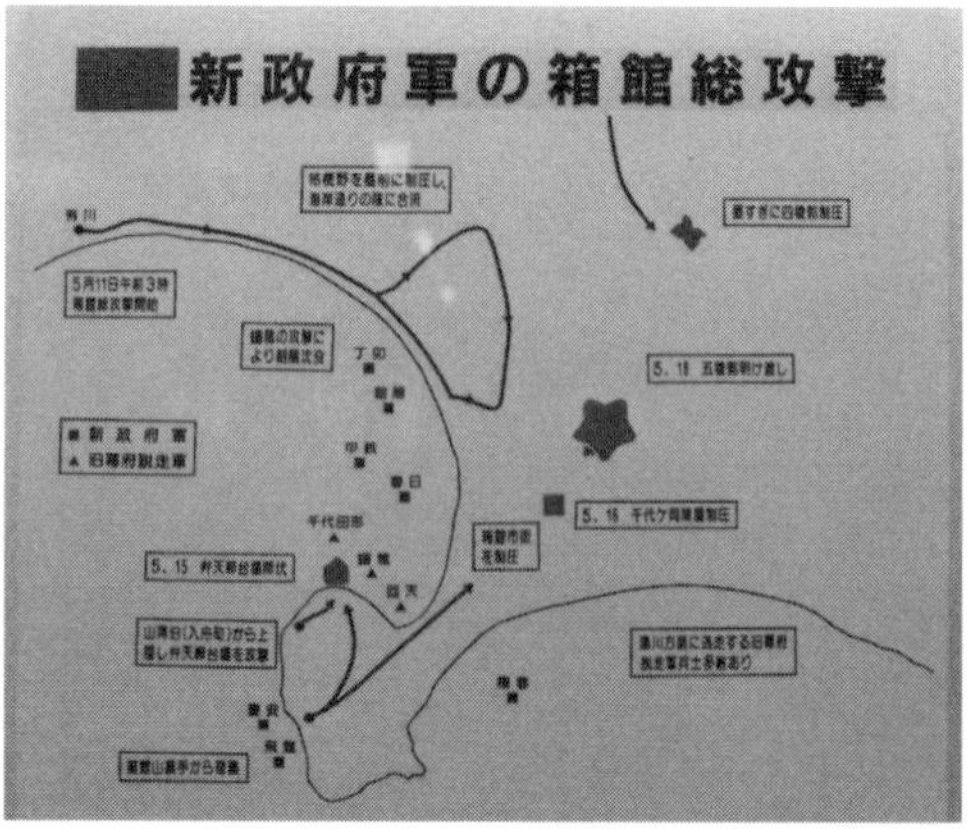

明治２年５月11日、新政府軍の箱館総攻撃の図（市立函館博物館五稜郭分館蔵）

義隊士丸毛利恒が『北州新話』にこの様子を書き残している。

箱館山は日中晴天であっても早暁には大体が山頂部より少し下に霧がかかることが多い。

これが一種のブラインド効果となり、新政府軍の行動を発見しがたくしていたといえる。

大鳥圭介著の『幕末実戦史』にも「深霧中に敵の登るを知らず」と記している。

寒川から上陸した各隊は山上での戦いを制し、市街地に突入し旧幕軍と激

弁天台場跡の木碑　現函館ドック内

戦になった。

山背泊から奇襲をした新政府軍の各隊は弁天台場に攻め込んだ。

普通なら考えられない急峻な斜面を登って山の裏から突如出現した新政府軍に旧幕軍は兵を振り分け防戦に努めたが、新選組、伝習隊の一部や箱館奉行永井玄蕃以下は弁天台場に退却した。

この戦闘で伝習隊頭取改役鈴木蕃之助等旧幕軍は十四名が戦死したことが伝えられる。この結果として箱館市街と弁天台場は分断され、台場は孤立したのである。

四稜郭、権現台場方面の戦い

四稜郭は五稜郭の北方に前衛の砦として急造され、この間に権現台場がある。早暁、新政府軍の各隊は赤川村を出発し、神山の丘陵まで進出し隊伍を整えて四稜郭の攻撃を開始した。旧幕軍は神山、赤川に衝鋒隊、松岡隊を配置しており、大砲をもって頑強に抵抗したので新政府軍は苦戦を強いられた。膠着状態の戦場に長州兵が赤川道を南下してきた。

四稜郭の攻防は左手方向になるが、権現台場の裏手つまり南方から急襲した。北方の敵に対してい

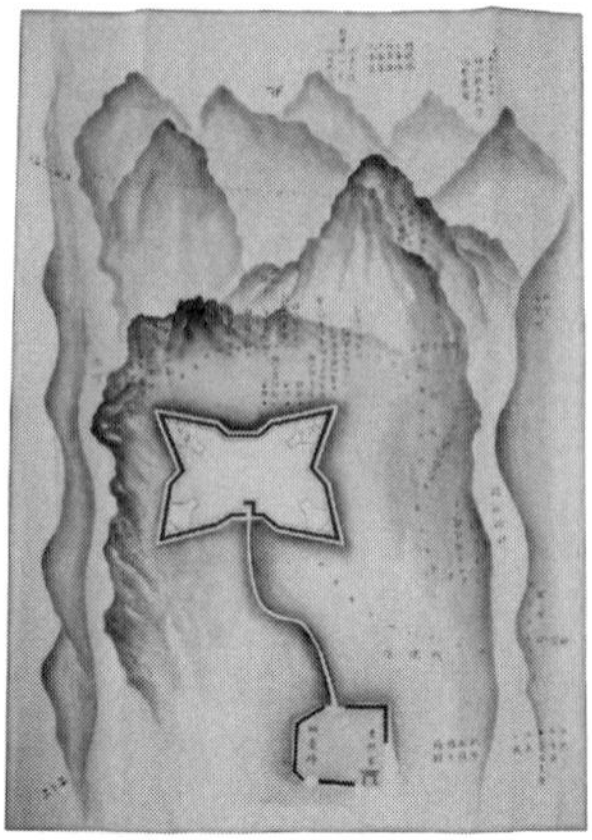

『箱館戦争図幅』より、四稜郭と権現台場
（市立函館図書館蔵）

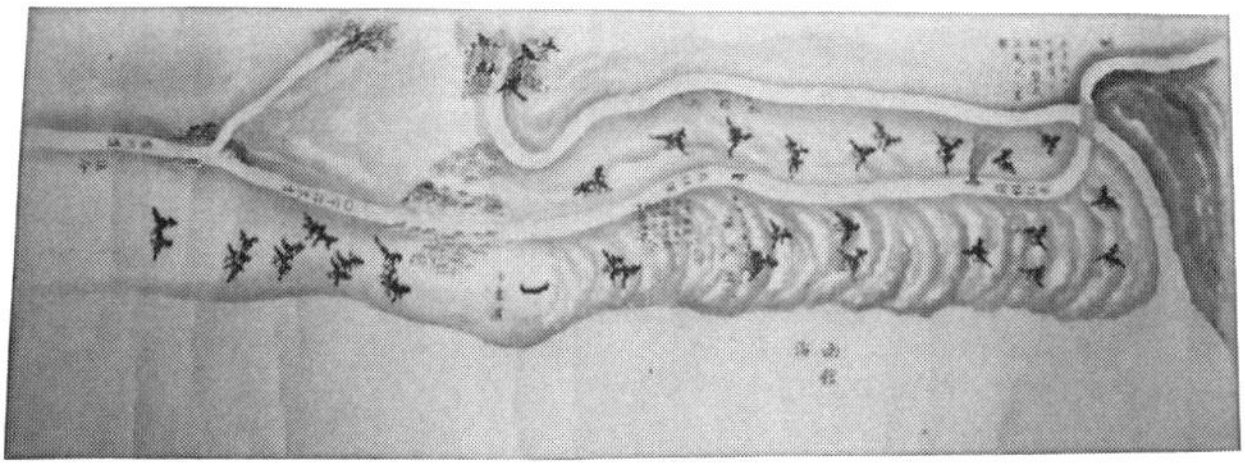

『箱館戦争図幅』より、旧幕軍の夜襲による七重浜戦争図（市立函館図書館蔵）

た旧幕軍は、虚を衝かれ総崩れとなって東方の山地に向かって退却した。台場を制した長州兵は四稜郭の背後即ち南方から攻撃をするが、苦戦であった。

　時の経過とともに死傷者も増えてきたので旧幕軍守将の松岡四郎次郎の一隊は退去をするが、敵の追撃を巧みにかわしながら東部の高地に沿って見事な撤退作戦を演じた。それは名将松岡の手腕に拠るところが大きかったのである。

　新政府軍の軍監野田大蔵は『胸中記』に「昼二字（時）此（頃）新五稜郭（四稜郭）落去」と述べている〔注＝（　）内は筆者による〕。

大川、亀田方面の激戦

旧幕軍の陸軍奉行大鳥圭介は早暁に遊撃隊、春日隊、伝習隊、彰義隊を率いて大川、有川の両道と海岸に向かった。五稜郭を出た時からすでに砲声を交じえているので、伝習隊を大川正次郎に託して大川道に向かわせ、春日隊を海岸に備えさせ、遊撃隊を中段に配置して待機していたが、新政府の大軍が進んで来る。

赤川から大川道を経て海岸に達する一帯は、一面に大小砲の弾丸降りそそぎ、大砲の音は雷よりもの凄く、彼我一進一退の戦闘が続いたが、旧幕軍は次第に圧迫され遂に兵をまとめて五稜郭へ帰営した。新政府軍も早暁からの戦闘で疲労が激しく退去した。この日砲声が止んだのは午後八時頃のことだったと伝えられる。

旧幕軍の猛将、陸軍隊長の春日左衛門はこの戦闘で戦死したが、亀田新道の台場は未だ健在で翌日の戦闘で占拠されるのである。

箱館市街戦

箱館山から奇襲攻撃を敢行した新政府軍は、弁天台場を孤立させ市街戦に突入した。

尻沢部（現在の谷地頭、住吉町辺り）、地蔵町（六丁目まであり、現在の大三坂から大手町郵便局辺り）一帯が激戦地となり、新政府軍は多方面から攻撃し、海軍は箱館港内で海戦のほか陸兵を支援するために砲撃をした。

陽春は大森浜に回り津軽陣屋を攻撃する。旧幕軍の彰義隊は砂山で戦ったと伝えられるが、『立川主税戦争日記』によるものである。方々で攻防しながら

箱館市街と周辺略図
（『官許箱館全図』（市立函館図書館蔵）より、
第１図を参考にして筆者が作図した）

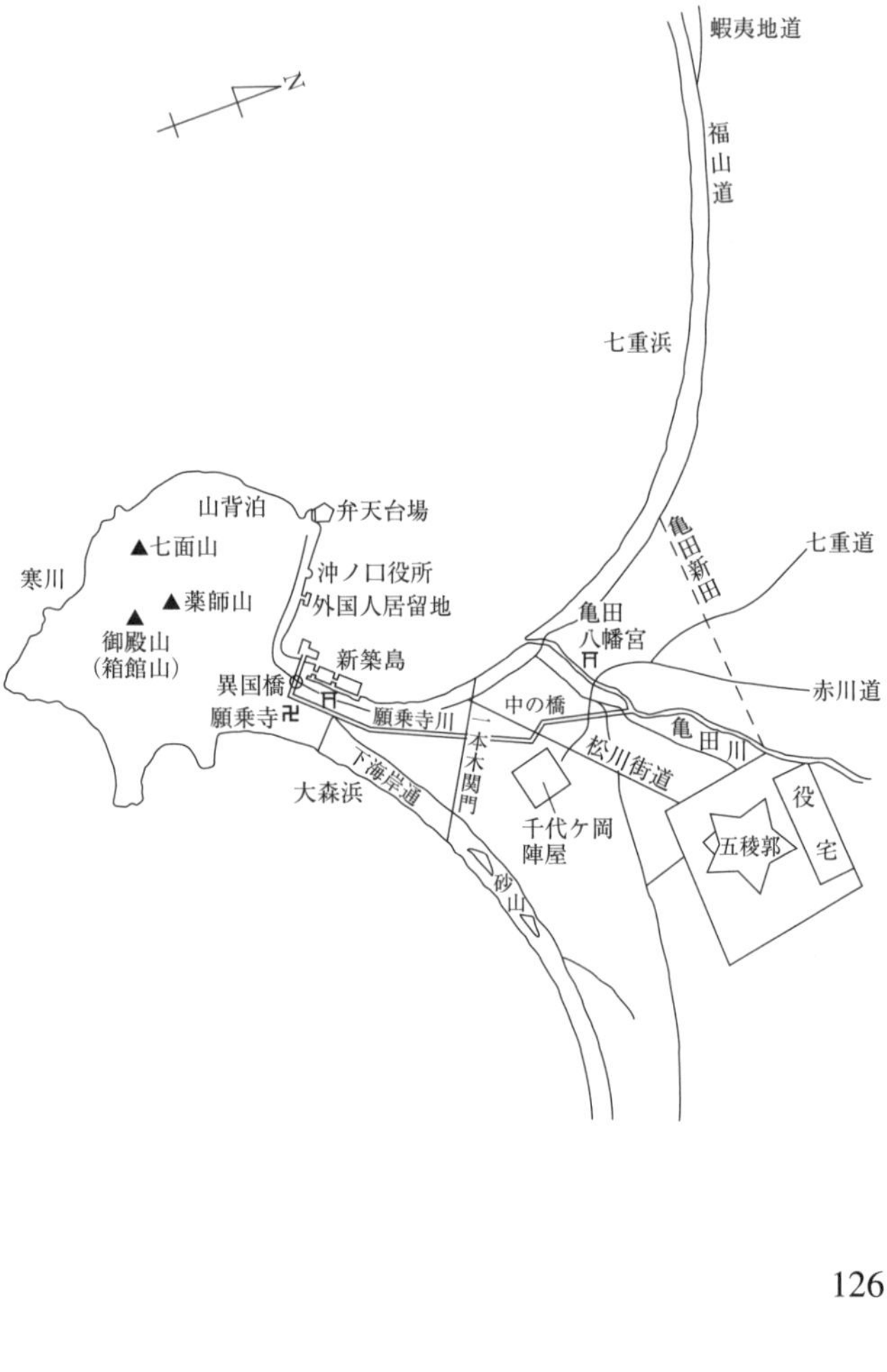

この日の戦闘で旧幕軍は一本木の関門を制圧され、残るは五稜郭、千代ヶ岡陣屋（旧津軽陣屋）と分断され孤立した弁天台場のみとなった。

夕刻になり、新政府軍が引き揚げたので旧幕軍も番兵を除いて五稜郭に帰営した。

十二日早暁から甲鉄艦が五稜郭を目標に砲撃を開始した。旧幕軍の回天、蟠龍は前日十一日の海戦で失っているので、陸地への攻撃に専念できるというわけである。

甲鉄からの着弾は、五稜郭の手前であったり飛び越えたりして定まらなかったが、照準が定まってきて至近弾が多くなり、一弾は本営を直撃し、古屋作左衛門はじめ十人余りが死傷した。

余談だが、現在でも五稜郭で砲弾が発見されることがある。因に一九九八年十月十五日付の北海道新聞に、前日に郭内の石垣を整備している時に発見され、腐食が進み箱館戦争当時の可能性が高いと報じられている。甲鉄の一弾であったかもしれない。

この惨状は『幕末実戦』でも次のように伝えられている。

「衝鋒隊の士官が集まって食事をしている所に一弾が飛んで来て破裂し、柱を倒し畳を飛ばし五人が即死し、四〜五人が負傷した。

その後も処々に着弾して我軍を悩まし、遂に夜も郭内に寝ることも出来ず土堤石垣を楯とし畳を敷き屏風を立てて防いだが、その様は恰も大地震のようであった」（現代文の表現は筆者による）。

五月十六日には五稜郭前衛最後の砦、千代ヶ岡陣屋が早暁三時からの戦闘で陥落した。

この戦闘で守将の中島三郎助《さぶろうのすけ》（さぶろうのすけとしたのは、石井勇次郎著の『戊辰戦争見聞略記』に「中島三郎之介」の記述があり、このほうが自然と考えるからである）は二人の息子恒太郎、英次郎とともに壮烈な戦死を遂げた。

三郎助は榎本総裁からの千代ヶ岡への増援や五稜郭への引き揚げの忠告を悉

亀田八幡宮　明治２年５月17日、榎本ら旧幕軍の幹部が新政府軍に降伏の誓願をした

く断ったという。三郎助は古武士然とした硬骨漢だったが、中島父子はこの陣屋を死に場所と決めていた。

この日新政府軍から、先日海律全書を贈呈した礼として酒五樽が提供された。

頑強に抵抗を続けていた弁天台場も降伏し、五月十八日に旧幕軍は全面降伏をし五稜郭を開城したのである。

ここに明治元年十月に鷲ノ木に上陸して以来七ヵ月にわたり激戦を続けた箱館戦争が終結し、箱館が戊辰戦争終焉の地となったのである。

五月十一日の一本木関門における攻防戦で土方歳三は三十五歳の生涯を閉じたのだが、次章で詳述する。

第六章　異聞　土方歳三の最期

内なる敵

本稿の題名としていることもあり、箱館市街戦で戦死したとされる土方歳三の最期について述べてみたい。

筆者が初めて函館の地を訪れたのは、昭和五十四年の晩秋であった。ファミリーの小旅行だったが、折しもプロ野球日本シリーズの広島カープと近鉄バッファローズの最終戦の日で、江夏投手の二十一球が話題となった一戦だった。

函館の駅に着いて乗車したのが個人タクシーで、来意を告げて土方ゆかりの史跡を案内してもらった。運転手のI氏は函館の歴史に詳しくいろいろご教示頂きながらの史跡めぐりであった。筆者自身はこの頃はまだ司馬遼太郎の『新選組血風録』や『燃えよ剣』といった時代小説が興味の範囲でしかなかった。

車中I氏の案内で「土方歳三は敵が多かった」「土方は味方によって殺され

土方歳三（土方家所蔵）

た」というショッキングな話があり、昔から今日まで広く語り継がれているということであった。

土方の最期は新政府軍の中に斬り込んで行って壮烈な戦死を遂げた、あるいは射撃の名手が射殺したといったことが定説化している。

こうした背景があっていつか箱館戦争について自分で調べてみたいと考え、それは定年退職後毎日が日曜日になってから……そう思いながら二十余年経ち、改めて調査を始めたのであるが、I氏とは現在も親交が続いている。

土方歳三は旧幕軍の敗戦が決定的となった明治二年（一八六九）五月十一日（新暦六月二十日）、戦死したと伝えられるのだが、その最期はミステリアスで諸説がある。

戦死した場所については、一本木、異国橋（地蔵町）、鶴岡一本木のほかに、『大野町史』には「最近郷土の一本木ではないかという説（昭和四十四年三月二十九日毎日新聞掲載）もある」という記述が見える。当時の大野村は、森から大沼を経由する本道、江差からの鶉山道、松前から箱館に至る道路の経由地として要衝の地であり、大野に一本木の地名が残っている。

異国橋の戦死説はどうか。この説は京都以来の新選組隊士で島田魁の日記によるもの。島田はこの時山上からの奇襲攻撃で後退し弁天台場に籠り、台場は市街地と分断されて身動きがとれない状況であった。

異国橋は高砂通りが当時掘割で願乗寺川といわれ、十字街の手前から港に注いでいた。

土方が異国橋辺りで戦死したということを、島田は如何なる方法で確認したのだろう。

一本木鶴岡町の戦死説は日野の佐藤彦五郎（土方歳三の義兄）のメモに「一本木鶴岡町で討死」と記されていることがその根拠とされるのだが、一本木町と鶴岡町は隣接はしているがそれぞれに独立した町名があった。

因に一本木町は、国道五号線と松川街道の分岐点から七丁目まであった。この分岐点が一本木関門で今は石油スタンドがある。

松川街道というのは、松川弁之助が五稜郭の土木工事を請負った際に自費で開削して寄進したことからこの名がついた。万延元年（一八六〇）のことだ。松川町はこれを記念した町名である。

一本木町と鶴岡町の接点が実ははっきりしない。現在の市街図と古図を比べて見ると函館市役所前の道路辺りだろうと考えるのだが。鶴岡町は四丁目まであったが広い区域ではなかったように思われる。

この鶴岡町と接しているのが、地蔵町で六丁目まであり、大手町郵便局の辺りから大三坂までがその範囲で、異国橋も地蔵町にあり、市街戦では激戦地となった所である。

筆者が調査し知り得る限りでは、土方の戦死地が一本木鶴岡町説や異国橋説の痕跡はなく伝承もない。この説を書き残したのが弁天台場で閉塞させられていた者達で虚構ではないかと考えられる。したがって戦死地は一本木関門の周辺であると考えるのが妥当である。

一本木関門をめぐる攻防戦の前に箱館の山上は朝六時頃には新政府軍の占拠するところとなり、弁天台場が孤立するとともに地蔵町が主戦場となり激戦が展開された。

弁天台場にいた陸軍奉行添役の大野右仲《すけなか》は、援軍を求めるため馬を駆って千代ヶ岡陣屋に至った時、弁天台場の救援に向かう土方歳三に会った。ともに一本木関門に差しかかった時、山上で新政府軍と戦い重傷を負った士官隊長瀧川充太郎が馬に乗って駆け込んで来るのに遭遇している。

七時三十分頃、蟠龍艦の放った一弾が新政府軍の朝陽の火薬庫に命中し、あっという間に沈没した。今でいう轟沈であるがこの時はこの言葉はない。これを見た土方は「この機失すべからず。吾れこの柵に在りて、退く者は斬らん。子（大野のこと）は率いて戦へ」と大野右仲に下令した。

大野は額兵隊、士官隊の一隊を指揮して地蔵町の異国橋辺りまで攻め込んだが、士官隊の士気が低下し隊伍を乱し、額兵隊は新政府軍が尻沢辺を過ぎて東方に向かうのを見て挟撃を恐れて浮き足立つ。

一進一退を続けながら、旧幕軍は一本木関門に向かって敗走し始めた。関門には土方がいて退く者は斬るといっていたにもかかわらず通過していく。大野は不思議に思いながらも千代ヶ岡陣屋に至った時に同僚の大島寅雄と安富才助に出会い、土方が狙撃されて死亡したことを知ったとその著『函館戦記』に伝えている。

一本木関門を出て

一本木関門は前述した通り、国道五号線と松川街道との分岐点つまり箱館と亀田村との境界に設けられ、この分岐点に一ヵ所と南東に一ヵ所、二ヵ所の関門を設けた。

土方が一本木関門から出撃する時、市街戦の最前線は地蔵町である。新政府軍の記録によれば、箱館を制圧したのは午前十時頃となっている。土方が一本木関門から出撃する七時三十分頃にはこの付近に敵兵はいなかったということになる。では土方を狙撃したのは誰か。筆者の考えでは榎本、大鳥に近い者の内命を含んだ者達ではなかったか。現在のところこれを考証できる資料は見つかっていない。

もう一方は遊軍隊の存在だ。遊軍隊は新政府軍の諜報活動を主要任務として、箱館八幡宮宮司菊地重賢以下多数の市民がこれに加わり、百十三人であったと『賞賜禄』は伝える。

この当時の隊長は、清水谷公考に仕えていた藤井民部である。彼らは旧幕軍の市中掛の下役や弁天台場に隊士として潜入した者もいた。市中掛といえば土方は陸軍奉行並であると同時に箱館市中取締であり、彼らの最高責任者である。

遊軍隊の面々は味方然として五稜郭本営にも出入りはしていたのであろうし、土方の動向を把握するのも容易であったろうと考えられるのである。しかし諜報活動を主要任務とする遊軍隊では暗殺が難しいとすれば残るは友軍で内命を含んだ者達ということになる。

明確な意志を持った複数の銃口から発射された弾丸は数条の火箭《かせん》となって土方歳三の身体を貫いた。五月十一日午前九時前後に、土方歳三が狙撃されたのではないかと考えるのだが。

五月七日の海戦で回天は機関をやられて、沖ノ口近くの浅瀬に乗り上げ、残るは蟠龍一艦となり、旧幕軍の敗色は濃厚で、この頃から逃亡が多くなる。旧幕軍の首脳はそろそろ敗戦処理を考え始める。土方だけは徹頭徹尾戦う気だ。敗戦処理の妨げになる土方を消す、こう考えても不思議ではない。

土方の戦死地と伝えられるのは一本木関門から百メートルほど箱館市街寄りの地点で、現在の函館市立総合福祉センターの所だ。ここは昔、若松小学校が

旧若松小学校（函館市立図書館蔵）土方の供養碑は右端にあった

箱館一本木の象徴ヤチダモの木　二代目の木と伝えられる。土方歳三のもとの供養碑はこの場所にあったという

土方歳三最期の地碑　昭和33年12月14日、若松小学校同窓会、父母と先生の会有志の手で建立された

あった。

明治三十六年九月八日に開校し、昭和六十三年三月三十一日に閉校となった。このセンターの前の道路は八幡通りといい、この当時はなかった。センターの裏に道路があり、若松小学校に通う道路で、この道路に面する若松小の一隅にもともとは「土方歳三戦死の碑」があり、鶴若稲荷の祠があったという。

またこの場所にヤチダモの大木が立っているが、この木は二代目ということだ。

一本木の象徴として柏の大木が伝えられるが、この辺り一帯は湿地だったそうで、その昔は海の底であった。柏の木は湿地に自生しても土壌を好まないので大木には育たない。

ヤチダモは水分を好むので大木にはなりうる。現在のヤチダモは二代目で箱館戦争の頃の大木は朽ちてしまったという話だ。

センター前の小公園の片隅に「土方歳三最期の地碑」があるが、これもいわば二代目で観光客が目にする碑である。初代の石碑はもっと小さかったそうだが、いつの頃からか見えなくなったという。筆者が追跡調査をするための手がかりはまだつかめていない。

土方歳三最期の地碑と同じ敷地内にある猿田彦の庚申碑　左下に右 箱、左 亀と読み取れる

それに猿田彦の碑があるが、

細かく割られたものを復原したもので相当古いものであることが分かる。碑面に猿田彦大神、その左に鈿女命《うずめのみこと》、その下に右 箱、左 亀の文字が判読できる。いわば道標で一本木と亀田村の分岐点に建っていたものだ。

歳三最期の瞬間を誰が目撃した？

土方歳三の最期を伝える資料に『立川主税戦争日記』がある。立川は箱館戦争当時土方附属として従軍している。

立川の日記に、「箱館ハ只土方兵ヲ引率シテ一本木ヨリ進撃ス、土方額兵隊ヲ曳テ後殿ス、故ニ異国橋マデ敵退ク、（中略）七重浜へ敵後ヨリ攻来ル故ニ土方是ヲ差図ス故ニ敵退ク、亦一本木ヲ襲ニ敵丸腰間ヲ貫キ戦死シタモフ」と記しているのだが、行動をともにしていたのであれば、また一本木が襲われた

明治２年５月11日　一本木関門攻防戦略図

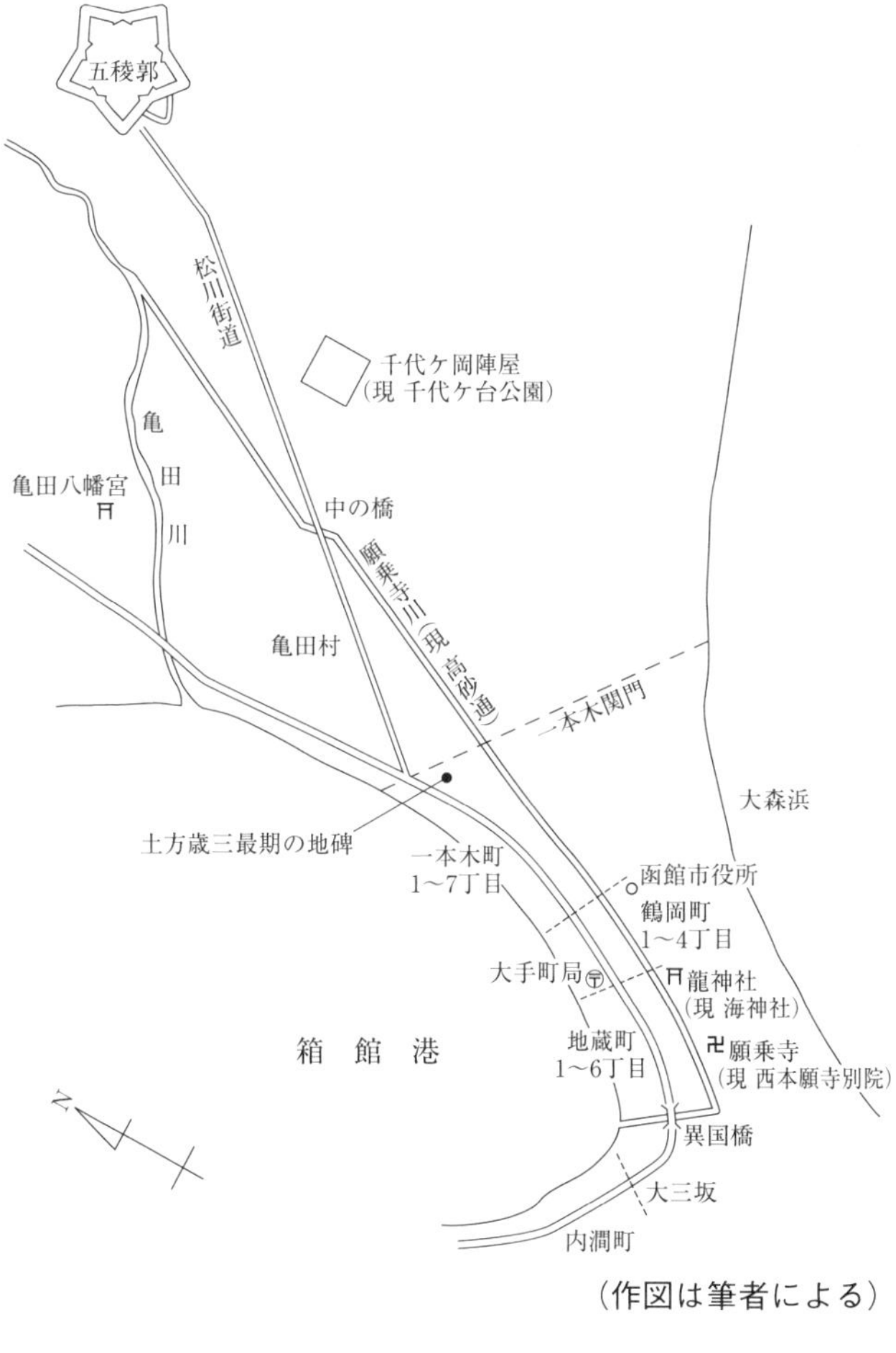

（作図は筆者による）

時に立川自身は応戦したのだろうか？　貴重な記録に立川自身の行動が詳述されていないのが残念である。

立川はこの日記に、十一日午前三時頃から始まった山上の戦闘状況を誰よりも詳細に述べている。これに比べると一本木のことは、淡々としすぎていないか。七重浜の敵に対して土方が差図したこともよく分からない。

一本木と七重浜は相当の距離があり、短時間の往来は難しいし、七重浜の手前には亀田新道の海岸に強力な砦もあるのだ。

土方が狙撃された瞬間、目撃できる所にいたか否か疑問に思うのだが。

立川はその後新政府から赦免され、明治五年に土方歳三の生家を訪れ、土方の最期を伝えたとされる。後に僧侶となり生涯土方の菩提を弔ったという。あるいは土方狙撃の真実を知っていた故ではなかっただろうか。立川は眉毛の濃い男らしい風貌で闊達な人物だったという。

土方没後の一本木関門の攻防

新政府軍の記録によれば、十一日午前十時頃に箱館を制圧したことを伝えている。

地蔵町の戦闘を制した新政府軍は小戦つまり苦戦することなく一本木関門に至り占拠したのである。さらに新政府軍の記録は伝える。

旧幕軍は箱館を奪還するため四度の攻撃を敢行している。午前十一時頃一回目の攻撃は副総裁の松平太郎が引率したと思われるが（大野右仲の『箱館戦記』の記述から）、この時は関門を突破できなかった。

十二時頃に額兵隊二小隊を率いた星忠狂（恂太郎）が再び一本木関門を襲い、突破して地蔵町まで押し返したと考えるのだが。

これが新政府軍の記録にいう「二度目襲来の節二藩の固め敗る。漸くにして

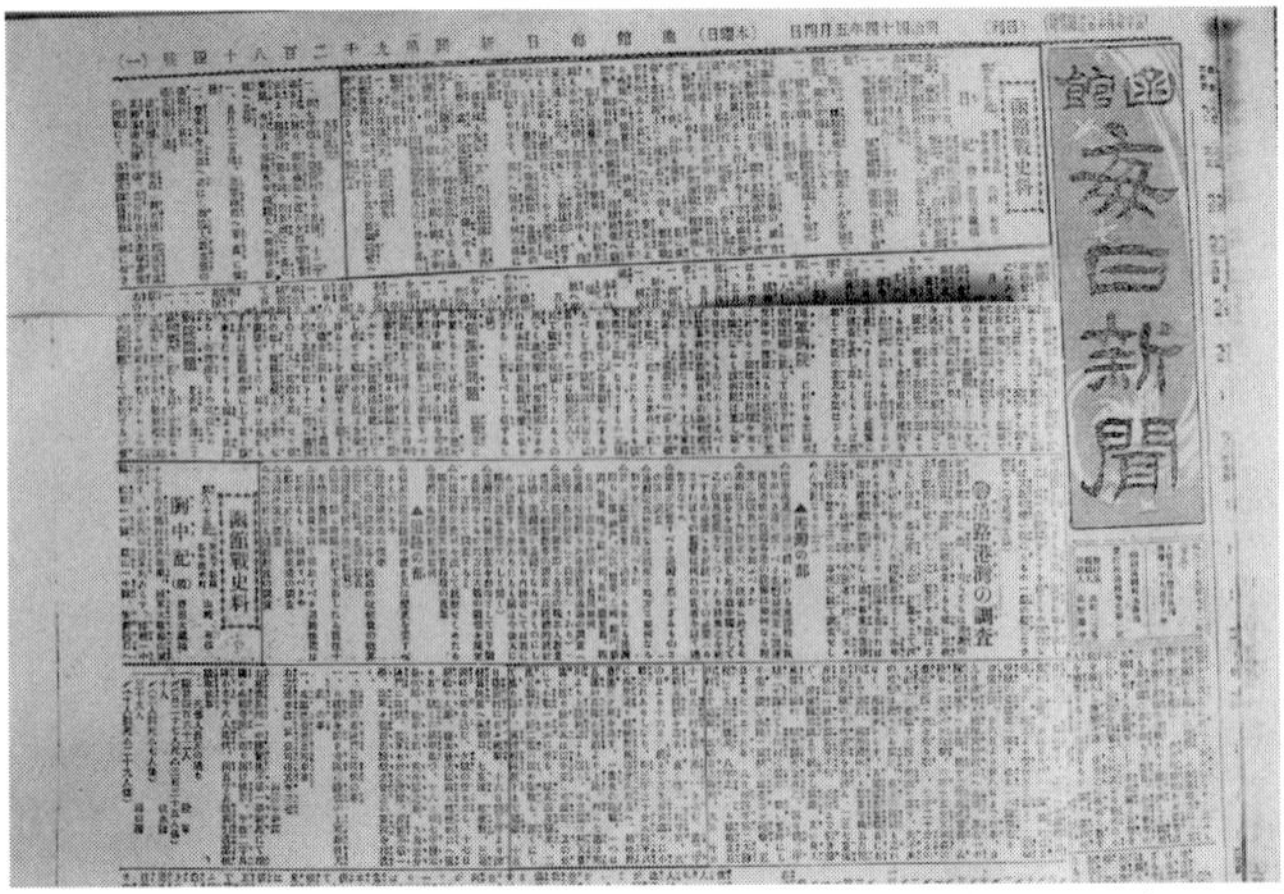
函館毎日新聞

明治２年５月11日の箱館総攻撃の状況を新政府軍の側からの記事を掲載している
（『函館毎日新聞』市立函館図書館蔵より）

盛り返す」。だが、この後午後三時頃まで四度の攻防があったが、旧幕軍は遂に一本木関門を奪還できなかったのである。この日四度にわたる旧幕軍の攻撃は土方が戦死後のことだ。

土方歳三遺体の行方

戦死した土方歳三の遺体は、野晒説と収容説があり、研究者の間でも意見の分かれるところである。野晒になる状態は激戦で収容する余裕がない時である。土方が没したのは、一本木がまだ戦場になる前の午前九時前後だとすれば、収容するには十分時間がある。

したがって筆者は土方歳三の遺体は収容されたと考えるのである。

その後の戦闘で市街に散乱する兵士の遺体の多くが野晒になり、戦争集結後新政府軍から遺体を収容してはならないと厳命された。

会津戦争で敗れた会津藩に対する処置と同じだ。

土方の遺体は五稜郭の一遇に仮埋葬され、伊庭八郎、春日左衛門等とともに実行寺《じつぎょうじ》に葬られた。当寺に過去帳があり、土方の戒名は「五月十一日」とあ

日蓮宗一乗山実行寺　5月11日、一本木で戦死した土方歳三や春日左衛門、伊庭八郎などの過去帳が残されている。当寺は明治12年の大火で現在地に移転したが、箱館戦争当時は今の弥生小学校の所にあったという

るその左に、「有統院殿鉄心日現居士土方歳三殿」となっている。戒名の院殿というのは大名に授けられる格式のものだという。

実行寺は一乗山と称し日蓮宗の寺である。

戦いに敗れ野晒になったままの夥しい旧幕軍兵士の遺体を見兼ねた侠客柳川熊吉が実行寺の十六世松尾日隆和尚と諮り、大岡助右衛門の協力を得て六百人ともいわれる柳川の配下の者を動員して、実行寺に埋葬したと伝えられる。

大岡助右衛門は五稜郭の工事を請け負った中川源左衛門の配下頭で実行寺の檀徒であったことから日隆師に頼み、日隆師は快く引き受け、柳川熊吉はその心意気に感じ、浄土宗（称名寺）から法華宗の実行寺に宗旨替えをしたという。当時他の寺院は新政府軍の厳しい詮議を恐れ、関わり合いを避け埋葬を断ったということだ。

旧幕軍戦死者を祀る碧血碑

この行為が新政府軍に知れ、柳川は斬首刑を宣告されるが、軍監田島圭蔵（薩摩藩）は、肚のすわった堂々とした態度に免じて赦したと伝えられる。

四百人とも八百人ともいわれる旧幕軍の戦死者は実行寺だけでは埋葬に限界があり、山背泊（現在の入舟町の一帯）の地蔵庵に分葬されたという。入舟町と隣界の船見町に地蔵寺がある。当時の地蔵庵の所在地であったか否かを確かめるために話を伺ったが、言い伝えなり古文書もないということであった。目下のところ山背泊の地蔵庵の所在は分からない。

函館という所は昔から大火に悩まされてきた町である。古図に現在の弥生小学校の辺りに道路から山門に向かって実行寺、称名寺、浄玄寺の順に描かれている。

明治十二年の大火によって現在地に移転したが、浄玄寺は現在の東本願寺別院で元町に移った。

明治八年（一八七五）、谷地頭の一角に明治政府の威光を気にかけながら、「碧血碑」が建立され、旧幕軍の戦死者達が合葬されたが、碑の中に遺骨が収納されているわけではない。

土方歳三の士道とは

武士道とは死ぬことと見つけたり。佐賀の葉隠れに武士道の精神として広く知られる言葉だが、京都にあって新選組として市中の治安を任務とした頃は、局中法度に一にも二にも切腹という厳しい罰則で鉄の規律を守り、組織をまとめてきた土方も、新選組が瓦解し盟主の近藤勇が斬首の刑に処せられた後は、各地を転戦しながら自ら士道というものを改めて考えたのではないだろうか。切腹至上主義なら会津敗戦とともに彼地で切腹となるのだが。

がしかし、土方は死なず北辺の地に戦いを求めた。生きること即ち戦い抜くことこそ土方の鮮烈な武士道の精神ではなかったか、と思うのだが。

土方の戦いの象徴、和泉守兼定（十一代兼定の鍛刀、慶応三年作）は箱館戦争終結後に土方生家に届けられたという。いつ頃誰が届けたかははっきりして

土方歳三の佩刀　和泉守兼定（土方歳三資料館蔵）

いないようだ。

愛刀兼定こそが土方の最期の瞬間を知っているはずだが何も語らない。土方生家にあって今なお鮮やかな光芒を放っている。

筆者は今まで語られてきた土方の最期を異なる角度から考察し、ひとつの自説として述べたが、これが長年函館の地に伝わる「土方には敵が多かった」「土方は味方によって殺された」という説に対する答えになればいいと思うのだが、旧幕軍側の記録と新政府軍の記録を比較する、いわば状況判断であって、断定できることではない。

土方戦死と遺体の行方は依然として闇の中である。いつの日かこの闇に光が当てられ、長い間の謎が解明される日がくるだろうか。

第七章　箱館戦争の意義

戊辰戦争の終焉

箱館戦争は戊辰戦争最後の戦いで、箱館の地がその終焉の舞台となったのである。

各地の戦いで敗れた旧幕軍の兵士達は榎本武揚率いる旧徳川幕府の艦船に分乗、北航して蝦夷地に上陸した。

蝦夷地上陸は徳川政権の崩壊により失業して生活苦に喘ぐ旧家臣団を救済するため、蝦夷地の開拓に当たり生計の立つようにしたいというのが目的であり、これを嘆願書にして時の箱館府知事清水谷公考に届け出ようとしたのであるが、問答無用で使者を処刑したので、ここに箱館戦争の戦端が開かれたのだ。

松前、津軽、備後福山、越前大野等の各藩からなる蝦夷地守備軍は実戦の経験がなく、銃器も火縄銃やこれに毛の生えたようなゲベール銃が主装備であった。

これに対して旧幕軍は豊富な実戦経験とミニエー銃、エンフィールド銃等この当時新式の銃器で武装していたので、初期の戦闘は旧幕軍が圧倒的に優位を保っていた。

箱館戦争はいわば近代戦で、銃砲の性能の良し悪しが勝敗を大きく左右した。最新の武器を装備し、組織的戦闘を有利に展開するには指揮官の資質、実戦経験に裏打ちされた練度の高さ、これに最前線に対する補給体制の確立が必要である。

明治二年四月九日、近代装備をした新政府軍が乙部に上陸した。

薩長軍を主力とするいわば国内版多国籍軍だが、雪と厳寒に不慣れなため冬期を避けて春に上陸したのは戦略思考によるものだ。

主力部隊の薩摩、長州の二藩は既に近代装備をしていたが、薩摩藩は文久三年（一八六三）七月に薩英戦争、長州藩は元治元年（一八六四）八月に四国連合艦隊との戦争で、外国の強大な軍事力に屈した経験があり、これが近代化を急がせたのである。

新政府軍の圧倒的な軍事力と情報戦で旧幕軍は圧迫されていくのだが、二股口の戦いでは新政府軍は遂にここを抜くことができなかった。

旧幕軍の陸軍奉行並土方歳三の指揮によるもので特筆されるべきことだが、もうひとつの戦闘は、矢不来の戦いである。

陸軍奉行大鳥圭介が指揮したのだが、作戦指示の不徹底、前線に赴いた司令官の戦法が各隊指揮官に拒否される、これなどは洋学を収め学問、知識が豊富であっても実戦経験の乏しさを露呈した結果である。

箱館港の海戦

箱館戦争では港内で展開された艦隊同士の決戦が特徴的なことであった。蒸気機関を動力とする艦船（帆走と汽走を併用した）が大砲を撃ち合った日本最初の海戦で、四界が海に囲まれ、三万キロともいわれる長い海岸線を有する日本、海防の認識が後年新海軍の創設に繋がる契機になったといえる。

箱館戦争と住民

箱館戦争で住民が被った被害、迷惑も甚大だった。

旧幕軍は侵入者であり、一本木に関門を設けて通行者から税の取り立てをはじめとする諸施策は住民の反感を買い、住民組織の遊軍隊によるゲリラ活動、旧幕軍内に入っての間諜行動、戦闘を有利に導く道案内等新政府軍への支援協力が旧幕軍の降伏を早める結果になったともいえる。

因に旧幕軍の総裁榎本武揚は「榎本ブヨ」と陰口を叩かれたという。ブヨとは蚊より小型の吸血昆虫で追い払ってもしつこく顔面にまとわりつく虫である。

日本の北辺に勃発した箱館戦争は、広大な地域の開拓と海防の強化といった面で注目が集まり、開拓と兵事を兼ねた屯田兵制の創設、開拓使制度、石炭をはじめとする豊富な地下資源とこれを運搬するための手段としての鉄道の開通を早めることに繋がった。その後多くの人々が本州から流入し、北海道を形成していくのである。

蝦夷地から北海道へ

箱館戦争は、明治二年（一八六九）五月十八日、旧幕軍が全面降伏をして終わりを告げたが、それから二十日も経たない六月六日には、明治政府から島義勇《よしたけ》、桜井慎平らとともに松浦武四郎は蝦夷開拓御用掛に任命された。

松浦は、文政元年（一八一八）、伊勢国一志郡須川村（現三雲町）小野江の郷士の子として生まれ、幼名を竹四郎といった。

弘化二年（一八四五）、二十八歳の時に東蝦夷地を探検し、翌年西蝦夷地から樺太《からふと》を探検した。

明治二年七月八日開拓使が設置され、八月十五日蝦夷地を北海道と改め、十一国八十六郡が置かれた。

松浦武四郎は七月十七日に『道名の義につき意見書』を明治政府に提出し新

名称として、北加伊道、海北道、東北道、日高見道、千島道の六つの候補名をあげた。

政府がどういう理由で選んだか詳細は分からないが、北加伊道が採用された。「加伊」というのはアイヌ人が自らの国をいうのだそうだ。アイヌには文字という文化がない。ユーカラの如く伝承文化である。

アイヌ人達は互いにカイノーと呼びこれが訛ってアイヌになったという。「アイヌ」はアイヌの言葉で「人間」を指す。

北加伊道は「北のアイヌ（人間）の国」の意味で加伊を海に改め、蝦夷地が「北海道」と命名されたのである。

余談だが北海道の開拓と発展に多大な貢献をした屯田兵の存在があった。永山武四郎は屯田兵制度の創設に関わり、生涯北海道を愛したと伝えられ、「屯田兵の父」といわれている。

北海道旭川市に「永山」の地名がある。

この地名は明治天皇が武四郎の尽力に因んで名付けられたものだ。

第八章　明治維新とその後の日本

我々は明治維新をどのような感覚で受け止めてきただろうか。徳川幕府が崩壊し、明治政府の世になり、文明開化とともに民主主義が到来した。そのように受け止めていないだろうか。

『広辞苑』によれば明治維新とは、「江戸幕府が崩壊し天皇を中心とする新政府が成立する過程である」とし、その始期と終期については諸説があると解説している。維新とは、「物事が改まって新しくなること、政治体制が一新され改まること」と説いている。

明治政府が成立する過程で最大の出来事が戊辰戦争だ。慶応四年（一八六八）一月三日に鳥羽伏見で勃発し、明治二年（一八六九）五月十八日、旧幕軍が箱館の地で敗れ、降伏して終焉を迎えたのだが、慶応四年が戊辰の年にあたるので「戊辰戦争」といわれる所以《ゆえん》である。この年九月八日に改元され明治となったのである。

戊辰戦争で薩摩、長州、土佐とこれに加担した諸藩は天皇を担ぎ出し、錦の御旗を掲げて征討軍と称し、旧幕軍を朝敵として戦ったのである。

旧幕軍の誰が天皇に敵対したのだろうか。

薩長に逆らう者は即ち朝敵として征伐する、天皇の名を借りた傲慢な薩長等の論理だ。

とくに会津戦争で敗れた会津藩に対する処置は徹底的な弾圧、報復の限りを尽くし、市中に散乱する死体を葬ることを禁止する厳命のため、死臭甚しく会津の市民はずいぶん難儀したという。

会津藩は一藩丸ごと下北半島の不毛の地へ流罪にするなどその処置は過酷そのものであった。

徳川慶喜は鳥羽伏見の戦いのさなか大坂城から闇に紛れて海路江戸へ逃げ帰った。徳川政権最高責任者の敵前逃亡である。

この時期慶喜追討令が出され、慶喜は朝敵になることを極端に恐れたと伝えられる。彼は水戸藩主徳川斉昭の七男で一橋家へ養子に迎えられたのだが、水戸学の影響が大きかったといわれる。この逃亡劇に会津藩主松平容保も同行を命じられ、江戸へ帰って容保は慶喜から登城禁止の処分を受けたのだが、容保の心情はどんなものであったか。

そもそも朝敵は長州藩であった。

文久三年（一八六三）の八・一八の政変、元治元年六月の池田屋事件、同年七月の禁門の変など、京都市中を混乱させる元凶であり、朝敵として京都から追放され、二回にわたり勅命による長州征伐を受けているのだ。

池田屋事件の時は、北風の強い日に京都市中に火を放ち、その混乱に乗じて帝を長州に連れ去る。天皇を誘拐するなど前代未聞の大罪であるが、この計画は未然に防がれた。

京都市民の安全を守るために治安活動の任にあったのが会津藩である。藩主松平容保は謹厳実直をもって任に当たり、孝明帝の信頼が非常に厚かったといわれ、「宸翰《しんかん》」と称される感謝状を下賜されている。容保は終生これを身から離すことがなかったという。

新政府軍は何故朝敵として会津藩を執拗に攻撃したか。謀略をもって京都を混乱に陥れる長州と警察機構をして治安に当たるのが会津であり、長州藩の会津藩への私怨である。

会津藩は長州の敵つまり、長敵と呼ぶのが本来のあり方だと思うのだが。

長州が会津への私怨を晴らした戦いと見るべきだが、他藩への私怨を晴らすということでは、諸藩も加わる新政府軍としての大義名分が成り立たない。そこで謀略に長けた長州は過激派の公家達と諮り、天皇を担ぎ出し錦の御旗を小道具にして、征討軍として会津を討つのである。

会津戦争終結後の同藩に対する過酷すぎる処分を見ても察しはつくのだ。

会津藩は、いわば専守防衛のために戦わざるを得なかったのであり、征討軍の矛先は旧幕府の最高責任者の徳川慶喜に向けられるべきではなかったか。

その慶喜、駿府に隠棲してから、狩猟や写真撮影などの趣味三昧だったというが、幕府崩壊の後始末もせず、自己の保身のみを考えて無責任に逃げ回ったこの男は一体何を考えていたのだろう。

やがて動乱も治まり薩長が主導する天皇中心の政治、明治の世を迎えたのである。

明治政府は四年頃から文明開化と称して、西洋の文明を取り入れ、風俗の真似などしたのである。これらの風潮は日本人がしっかりした自覚に基づくものではなかった。

こうした都会の動きをよそに地方の下層社会は依然として文明開化から取り残されていたのだ。

文明開化とともに富国強兵、殖産興業は明治政府の重要な政策で、軍備の急速な増強はやがて隣国の朝鮮を武力で制圧するという征韓論が起こり、朝議で敗れ、主唱者の西郷隆盛とこれに同調した他の参議はともに下野したのである。

明治十年になると武闘派で討幕の象徴だった西郷は今度は朝敵として征伐さ

れるのだが、私学校の者達が挑発に乗って暴発したことで西南戦争が勃発した。そして西郷は敗戦の責任を自ら割腹し死を以って果たした。

この一事を市井の者達は、明治十年を逆さに「年十治明《ねんじゅうおさまるめい》」といって揶揄したという。

国内の軍制が整ってくると帝国主義が勃興してくる。

帝国主義とは、広義には軍事上、経済上、他国または後進の民族を征服して大国家を建設しようとする傾向（『広辞苑』より）をいうのだが、日清、日露の戦争、大正初期の第一次世界大戦の後、昭和三年六月には、中国の山東省に出兵していた日本陸軍は、奉天郊外において列車で帰郷中の張作霖を爆殺する暴挙を起こしている。

時に長州軍閥の田中義一が政友会総裁だったが、中国側からみると田中義一は最大の悪人であると現在もそう評価されている。

昭和六年、暴走する関東軍は、中国の奉天付近の柳条溝で南満州鉄道を爆破し、これを中国の行為として直ちに、満鉄全線に軍事行動を開始する事件を起こす、いわゆる満州事変である。さらに翌七年、日本軍が全満州を占領した時に上海で日中両国の軍隊が衝突する第一次上海事変を引き起こしている。

昭和八年、日本は遂に国際連盟を脱退し、国際社会から孤立する道を選び、昭和十二年、北京南郊の蘆溝橋で日中両軍が衝突した。この年に南京の大虐殺の事件を起こしている。

その後昭和十四年にはノモンハン事件を起こし、昭和十六年十二月八日、真珠湾を奇襲するとともに、東南アジア一帯も巻き込んだ大東亜戦争に突入したのである。そして昭和二十年八月十五日終戦を迎えたのだった。

戊辰戦争から大東亜戦争の終結に至る七十七年間に日本は戦争に明け暮れしてきたが、この間日本帝国主義は、他国を侵略して多くの人々を殺傷し財産を略奪した。自国もまた多大な人命を失っての敗戦であった。

昭和二十年八月三十日、神奈川県厚木飛行場に連合国軍最高司令官ダグラス・マッカーサーが日本の占領統治のために降り立った。
幕末の混乱期から、大東亜戦争の終結までの歴史を見ると、ペリー来航によって鎖国から開国の止むなきに至り、マッカーサーによって日本帝国主義、即ち長い間天皇に名を借りた薩長イズムが消滅したのである。

（文中敬称略）

あとがき

日本の歴史は、勝者の側の史観である。暗部は表面には出ず、勝者の都合のいいように記される。したがって必要以上に誇張されたり嘘が多くなる。こうした誤った史観に基づく歴史で国民は教育されてきたのである。

歴史は好き嫌いで学ぶものではない。先人が何をなし、どういう誤ちを犯したか、その先例は二度と同じ誤ちをしないための道標といえるのである。正しく歴史を理解するには敗者の側にも視点を当てなくてはならない。近年、歴史研究が盛んになり、敗者の側にも焦点が当てられるようになったが、二十一世紀を担う人達にも、勝者、敗者双方の側から見て正しく歴史を学んでほしいと思うのである。

本稿の執筆にあたり、取材、調査で多くの方々からご教示、ご協力を頂いたことに深く感謝を申し上げる次第である。

筆者

平成十六年三月

参考文献（著作名敬称略）

『戊辰戦争　敗者の明治維新』中央公書　佐々木克
『函館市史　通説編第二巻』函館市史編さん室
『南茅部町史』南茅部町史編集室
『大野町史』大野町役場
『かみのくにの歴史散歩』上ノ国町教育委員会
『松前町史』松前町史編集室
『概説松前の歴史』同右
『森町の歴史散歩』森地方史研究会編
『麦叢録（坤）』小杉雅之進
『幕末実戦史』新人物往来社　大鳥圭介

『箱館海戦史話』　みやま書房　竹内運平
『日本史小百科　暦』　東京堂出版　広瀬秀雄
『五稜郭物語』　北海道新聞函館支社　川崎彰彦
『年表でみる北海道の歴史』　北海道新聞社編
『咸臨丸栄光と悲劇の五〇〇〇日』　北海道新聞社　合田一道
『ＮＨＫほっからんど２１２人間登場北の歴史を彩る第2集』
北海道出版企画センター　合田一道、番組取材班
『土方歳三の最期』　丸ノ内出版　加瀬谷　直
『函館その歴史・史跡・風土』　南北海道史研究会　須藤隆仙
『函館の歴史』　東洋書院　須藤隆仙
『箱館戦争』　五稜郭タワー　武内収太
『北海道人松浦武四郎』　新人物往来社　佐江衆一
『北方圏第77号　北海道のぬくもりストーブの歴史』

北方圏センター　大久保一良
新人物往来社　須藤隆仙編
『箱館戦争のすべて』
箱館戦争の意義　須藤隆仙
土方歳三と新選組　釣　洋一
『誰も書かなかった箱館戦争』　新人物往来社　脇　哲
『土方歳三読本　考証土方歳三の最期』　新人物往来社　手塚光廣
『同右　土方歳三の史跡』　新人物往来社　釣　洋一
『新選組大人名事典（下）』　新人物往来社
立川主税　菊地　明
安富才助　伊東成郎
『箱館戦争史料集』　新人物往来社
箱館軍記　関川平四郎
説夢録　石川忠恕

衝鋒隊戦争略記　今井信郎
『遊撃隊起終録』　玉置弥五左衛門
『人見寧履歴書』　人見　寧
『北州新話』　丸毛利恒
『筍生日記』　杉浦清介
『蝦夷錦』　荒井宣行
『戊辰戦争見聞略記』　石井勇次郎
『星恂太郎日記』　星　恂太郎
『新撰組資料コンパクト版』　新人物往来社
立川主税戦争日記　立川主税
函館戦記　大野右仲

著者プロフィール

中村 忠司（なかむら ただし）

昭和16年、北海道生まれ。

北海道立追分高等学校卒業。

若年より勝者の史観に疑問をもち、敗者の側に視点を向け、平成５年頃より北海道と縁の深い土方歳三の研究を始める。

異聞　土方歳三の最期

2004年10月15日　初版第１刷発行
2017年９月10日　初版第５刷発行

著　者　中村 忠司
発行者　瓜谷 綱延
発行所　株式会社文芸社
〒160-0022　東京都新宿区新宿１−10−１
電話　03-5369-3060（代表）
03-5369-2299（販売）

印刷所　株式会社平河工業社

ISBN4-8355-8051-6